经典云南

谢本书 ◎ 著

云南出版集团公司
云南教育出版社

民国滇系四巨头

图书在版编目（CIP）数据

民国滇系四巨头 / 谢本书著. — 昆明：云南教育出版社，2012.2
（经典云南丛书）
ISBN 978-7-5415-6217-4

Ⅰ. ①民… Ⅱ. ①谢… Ⅲ. ①蔡锷（1882～1916）-生平事迹②唐继尧（1882～1927）-生平事迹③龙云（1884～1962）-生平事迹④卢汉（1895～1974）-生平事迹 Ⅳ. ①K825.2②K827=7

中国版本图书馆CIP数据核字（2012）第015295号

书　　名	民国滇系四巨头
作　　者	谢本书
策 划 人	李安泰　杨云宝
组 稿 人	吴学云
出 版 人	李安泰
责任编辑	尚　语
装帧设计	向　炜
责任印制	赵宏斌　张　旸

云南出版集团公司
云南教育出版社 出版发行

昆明市环城西路609号 www.yneph.com
全国新华书店经销
云南新华印刷实业总公司一厂印刷
2012年3月第1版　2012年3月第1次印刷
787毫米×1092毫米　1/32开本　2.75印张　74千字

ISBN 978-7-5415-6217-4
定价 4.80元

总　序

云南，从渺远神秘而又带着蛮荒色彩的"彩云之南"走到今天，一步一个脚印跋涉在中华大地上。

云南山水，多娇诱人。

闻名遐迩的喀斯特地质奇观石林，奇妙无比。

迷人的高原深水湖泊抚仙湖，凝波如玉。

秘境香格里拉的高山草甸，杜鹃如火；巍峨雪山，苍茫古远。

低纬度的明永冰川，从古流到今；高黎贡山的各色鲜花，从冬开到夏。

大理的风花雪月，丽江的小桥流水，版纳的原始森林，腾冲的地热奇景，泸西的阿庐古洞，怒江的东方大峡谷，令人陶醉。

七彩云南，蕴涵的又何止是奇山美水?!

这里，有寒武纪早期生物大爆炸的典型：澄江动物化石群。这里，诞生了中国最古老的人类：元谋人。这里，曾崛起过古滇国、哀牢国、南诏国、大理国。这里，有蜀身毒道、秦五尺道、茶马古道、滇缅公路、驼峰航线。这里，有世界上唯一活着的象形文字"东巴文"。这里，出现了中国第一个海关、第一座水电站、第一条民营铁路。

这里，有与黄埔军校齐名的云南陆军讲武堂。

这里，爆发过反对清王朝统治的重九起义。

这里，在袁世凯复辟帝制时，率先通电全国，举起了护国运动的大旗。这里，举办过名垂青史的西南联大，并爆发了震惊全国的"一二·一"运动。这里，曾经涌现了杨振鸿、张文光、蔡锷、李根源、唐继尧、庾恩旸、刀安仁、杨杰等一个个热血汉子；这里，也曾经孕育出书法家钱南园、医药家兰茂、数学家熊庆来、军事家罗炳辉、哲学家艾思奇、音乐家聂耳、诗人柯仲平、舞蹈家杨丽萍、诗书画三绝的担当大师等文化奇才。

朱德、叶剑英，在这里留下了坚实的足迹；徐霞客、杨慎，在这里留下了自己的千古绝唱。

这里还有神奇的云南白药、剔透如玉的云子、独树一帜的普洱茶。

这里的僰人悬棺、纳西古乐、摩梭走婚、白族三道茶、彝族跳菜等滇人风貌和民族风情，更是诉说不尽。

"经典云南丛书"像一根线，把散落于三迤大地的粒粒圆润闪亮的珍珠串连起来，呈现于您的眼前，让您清晰地看到云南山水奇观、人文历史和民族风俗的经典篇章，让您在愉快的阅读体验中增加知识、增长见闻、解密未知。

"经典云南丛书"为百科式解读云南的通俗性读物，融知识性、趣味性、探秘性与时代性为一体，以一种新的视角和叙述方式展现云南的独特之美，以满足人们了解云南、探秘云南、遨游云南的愿望，希望我们所做的一切已达到了。

编　者

目 录

一、开头的话 ·· 1

二、乱世的绿洲

　　——蔡锷时期的云南 ·· 3

　　1. 从湘西神童到"中国士官三杰" ··· 3

　　2. 应邀来滇,编著中国著名兵书 ··· 5

　　3. 辛亥昆明重九起义,可以与武昌首义相媲美 ······················· 7

　　4. 大胆改革,使云南成为南北各省之冠 ································· 10

　　5. 在北京被监视,巧用小凤仙以掩饰 ····································· 13

　　6. 参与和领导护国战争,立下了特殊功勋 ····························· 15

　　7. 受命四川督军,却病逝东邻 ·· 19

三、混战中的沉浮

　　——唐继尧时期的云南 ·· 22

　　1. 幼年"过目成诵",青年留学日本 ····································· 22

　　2. 参与辛亥昆明起义,却率兵夺取了贵州都督 ······················ 24

　　3. 大势所趋,投身反袁护国 ·· 26

　　4. 两次成都巷战,唐继尧走了下坡路 ····································· 30

　　5. 驻川滇军再度失利,顾品珍率部回滇倒唐 ·························· 32

　　6. 唐继尧二次回滇,进攻广西受挫 ·· 34

　　7. 发展讲武学校,创建东陆大学 ·· 37

　　8. 四镇发动"二六"政变,唐继尧被迫下台 ························· 40

四、抗战中的堡垒

　　——龙云时期的云南 ·· 43

　　1. 擂台比武,打败法国拳师 ·· 43

　　2. 跃升警卫军大队长,再成独立部队指挥官 ·························· 45

　　3. 随唐继尧二次回滇,龙云爬上了权力的峰巅 ······················ 47

4．龙胡张三军混战，龙氏终于统一云南 …………………… 49
5．红军长征过云南，龙云献图有奥妙 …………………… 51
6．出师抗战滇健儿，世界奇迹滇缅路 …………………… 54
7．支持滇西抗战，胜利声响云南 ………………………… 57
8．此路走不通，去找毛泽东 ……………………………… 60

五、曲折中新生
　　——卢汉时期的云南 …………………………………… 63
1．跟随龙云，在战乱中成长 ……………………………… 63
2．以枪杆子为后盾，精心整理财政 ……………………… 64
3．率领60军出师，大战台儿庄逞威 …………………… 67
4．拒敌于国门之外，鲜为人知的滇南防御战 …………… 70
5．到越南接受日军投降，为国争光 ……………………… 72
6．回到云南任主席，重振滇军求发展 …………………… 75
7．宣布云南起义，走向光明新生 ………………………… 76

一、开头的话

民国时期,担任祖国西南边陲云南省军政主要领导职务的主要是四个人,即蔡锷、唐继尧、龙云、卢汉。他们是云南地方政府的主要领导人,又是相对独立的滇系军事集团的代表人物。在民国年间,从中央到地方的许多领导人像走马灯一样,更换频繁。而在云南,这期间的主要领导人就是他们四位,这在省一级政权中是不多见的。由于政局相对稳定,民国时期的云南曾经出现了许多影响全国的重大事件,成为历史发展的奇观。

滇系四巨头都曾有过上下级关系,而且也曾有过"蜜月"似的亲昵,后来却又产生过不少矛盾。他们都是一代风云人物,然而其个性、为人、功过却又是很不相同的。例如,《南方人物周刊》在《从蔡锷到唐继尧,乱世里的两种路线》的长文中,曾列举蔡锷与唐继尧的关系说:"蔡锷和唐继尧在当留日士官生时是师兄弟,在辛亥革命中有同袍之谊,在云南执政期间是上下级,在护国运动中是身份并列的主事人,只不过一个出征,一个留守,但到那时,两人在思想和路线上已经出现了深深的分歧。论当官,论敛财,论心计,蔡不如唐;论做人,论晚节,论才华,唐不如蔡。"① 这个分析,是有见地的。

唐继尧曾是蔡锷的下级和同事,龙云则曾是唐继尧最信任的部下,而最后龙云却参与了1927年推翻唐继尧统治的"二六"政变;卢汉既是龙云的亲戚(表弟),又是龙云最信任的将领,可是1945年杜聿明奉蒋介石之命在昆明发动政变,赶龙云下台时,在越南受降的卢汉未能赶回昆明救援,也给龙、卢之间的关系蒙上了一层阴影。

---

① 本刊编辑部:《滇系,失落的诸侯》,《南方人物周刊》,2011年第22期,第31页。

不过,这四位统治云南时都可以看作是"云南王",他们对云南历史的发展都曾起过重要作用,虽然作用的轻重分量并不完全一样,然而他们都是云南以至全国民国时期的历史文化名人。

他们四个人的历史串起来,就是一部风云滚滚的民国云南史。

二、乱世的绿洲
——蔡锷时期的云南

1. 从湘西神童到"中国士官三杰"

蔡锷（1882—1916），原名艮寅，字松坡，湖南宝庆（今邵阳）人。蔡锷名字取名是有来历的，据蔡母王氏说，她在分娩前梦见在一个长有翠竹的山坡上，有一只白虎温驯地跑到自己的身边，一觉醒来，小孩即呱呱坠地。蔡锷的父亲蔡正陵即据此取名艮寅，艮为山，寅为虎；又因虎出松林之坡，故字松坡。由于梦见虎而生蔡锷，故其乳名就叫虎子，或称虎儿。

蔡锷出生在一个家境贫寒的家庭，但在粗茶淡饭中却自得其乐，自幼好胜心强，不怕困难，勤奋好学，顽强拼搏，常常出口成章，考试亦名列前茅。湘西一带流传着许多有关蔡锷的故事。

蔡　锷

蔡锷11岁时参加府试，由父亲背进考场。考官见其年幼，出一上联命他对下联："邵阳考生八十名，唯汝最小。"蔡锷应声说："孔门弟子三千众，数回领先。"蔡锷到考场取卷，因放试卷的桌子较高，就踩着板凳去拿，考官即说："拿，拿，拿，拿上板凳。"蔡锷随即回答："跳，跳，跳，跳过龙门。"考官颇为欣赏，拔为第一。

3

蔡锷13岁时,父亲带他到宝庆府应试。走过一家商店时,蔡锷见柜台上摆着一块画了福、禄、寿三星的镜屏,久久伫立。老板见了问蔡正陵:"这童子是什么人?"答:"小儿。"问:"来做什么?"答:"赶考。"老板惊异,小小年纪就来应考?便问蔡锷:"小相公,这镜屏你喜欢吗?我出个对子,倘能对上,便把镜屏送给你。"蔡锷答:"请出个试试。"老板念道:"福禄寿三星拱照。"对答:"公侯伯一品当朝。"老板高兴地说:"对得好!对得好!好兆头,一定高中!"遂双手捧起镜屏递与蔡正陵说:"恭喜!恭喜!"

这次主考官是学政江标,看到蔡锷年幼个小,进场时骑在父亲的肩头上,捧个考篮,挤在人群中。江标一见便问:"你坐的是什么人呀?"蔡锷答:"学生的父亲。"问:"怎么,子将父作马呀?"答:"父愿子成龙嘛!"江标大喜,把蔡锷叫到面前,给一张两寸见方的纸,问道:"你能在这纸上写一万个字吗?"蔡锷答:"能!"即在纸上写出"一而十,十而百,百而千,千而万"十二个字。写完呈上,江标看后惊呼:"此神童也。"

蔡锷考试成绩优异,中了秀才,一时传为佳话。出榜之后,蔡正陵领着蔡锷到纸店买红纸作报喜之用。这时,宝庆城内已哄传院试录取了一个13岁的神童,纸店老板遂问:"小相公是江学台特取的神童么?"蔡正陵指着蔡锷说:"小儿便是。"老板又说:"请小相公对个对子如何?"蔡正陵代答:"请教。"老板念道:"小相公三元及第。"蔡锷答道:"大老板四季发财。"老板喜欢不尽,即取出两盒上等红纸免费相赠。

湘西神童遂传遍湖南。

这时,维新运动正逐渐兴起。1897年底,为了培养维新人才,湖南创办了时务学堂,以维新人士谭嗣同为学堂总监,梁启超为中文总教习,唐才常等分任讲席。蔡锷被推荐,于1898年初报考湖南时务学堂,由家乡徒步数百里赶到长沙,其时有4000多人报考,仅录取40人。蔡锷竟以第三名的成绩被录取,成为时务学堂中年龄最小的一位（年仅16岁）。蔡锷在时务学堂学习，考试经常名列前茅，成为梁启超的得意门生，并与梁启超保持了终身的师生情谊。

在康有为、梁启超等的推动下，"戊戌变法"运动开始了，其宗旨是要拯救民族危机，发展资本主义。运动得到了光绪皇帝的支持。从1898年6月11日到9月21日的103天内，光绪皇帝发布了数十道变法上谕。然而，慈禧太后在"后党"的支持下，扼杀了变法，并于9月21日将光绪皇帝囚禁于中南海瀛台，从而结束了103天的维新运动。戊戌变法失败后，顽固派大开杀戒，逮捕和杀害了谭嗣同等6人，康有为、梁启超等被迫逃亡日本。两位老师——谭嗣同、梁启超一死一逃，给少年蔡锷以很大的刺激。时务学堂亦被关闭。

正当蔡锷走投无路之际，梁启超从日本来信相招，蔡锷乃赴日本求学。他先入东京大同高等学校，并参与唐才常组织的"自立会"，一度回国参加自立军起义。事泄失败，师友多遇难，蔡锷幸免，乃改艮寅名字为"锷"，表示投笔从戎的决心。后再赴日本，考入日本陆军士官学校第三期骑兵科，学习刻苦努力。1904年11月毕业时，在100多名毕业生中，蔡锷毕业成绩名列第三，与蒋百里、张孝准等人被称为"中国士官三杰"。

2．应邀来滇，编著中国著名兵书

1904年底，蔡锷毕业于日本陆军士官学校，随即整装返回祖国，先后在江西、湖南、广西军界和军事教育机关服务，担任高官。1911年初，受云贵总督李经羲的邀请，来到云南，接受新职，从此与云南结下不解之缘。云南成了蔡锷的"第二故乡"。

蔡锷来到云南，在新职任命之前，决心认真读点书，冷静地思考问题，并决定伏案著书，辑录清代名将曾国藩、胡林翼两人的治兵语录，附以精彩的按语，编著成《曾胡治兵语录》一书，以作为训练新军的"精神讲话"。

蔡锷将曾、胡二人的治兵语录分为十二类，即将材、用人、尚志、诚实、勇毅、严明、公明、仁爱、勤劳、和辑、兵机、战守，然后逐一辑录。每辑录一条，他都附有自己的按语，画龙点睛，加以解说和发挥。

《曾胡治兵语录》一书完成后，当时只作为内部"精神讲话"之用，没有公开印刷。蔡锷逝世后一年，即1917年在上海首次刊印发行。梁启超在这年4月为该书写了一个"序"说："松坡既死于国，事越一年，国人刊其遗著《曾胡治兵语录》行于世，世知松坡之事功，读此书可知其事功所由来矣。"①

蔡锷编撰此书，附以按语，虽然对曾国藩、胡林翼称赞甚多，但是他编撰此书的目的不完全同于曾、胡，主要是针对当时的民族危机以及清廷的腐败无能，希望加以"挽回补救"。这种愿望，在蔡锷所加的按语中有明显的反映。他说，编撰此书，是由于帝国主义各国企图瓜分中国、危机日益严重所引起，编撰的目的则是为了"厉兵秣马"，以对付外国的侵略。此书在当时云南陆军讲武堂作为辅助教材，加以讲授。

1924年，在广州建立的黄埔陆军军官学校曾将《曾胡治兵语录》一书作为"人手一册"的教材，印发学员。当时黄埔军校校长蒋介石甚看中这本书，亲自增辑"治心"一类，加以序言，再版发行。蒋介石在"序"中说："余读曾、胡诸集既毕，正欲先摘其言行可以为后世圭臬者，成为一书，以饷同志，而留纂太平天国战史于将来。不意松坡先得吾心，纂集此治兵语录一书，顾其间尚有数条为余心之所欲补者，虽非治兵之语，而治心即为治兵之本。"于是辑录治心之语，兼采左宗棠之言，附录于后。"愿本校同志，人名一编，则将来治军治国，均有所

---

① 《曾胡治兵语录》梁启超序，曾业英编《蔡锷集》，湖南人民出版社2008年版，第313、314页。

本矣。"① 这也说明《曾胡治兵语录》在当时的影响。

《曾胡治兵语录》随着时间的推移，评价愈来愈高，被称为我国近代军事史上一部著名的语录体兵书，成为中国"十大兵书"之一。这十大兵书是：《孙子兵法》《司马兵法》《吴子兵法》《孙膑兵法》《尉缭子兵法》《六韬》《黄石公三略》《诸葛亮兵法》《唐太宗李卫公问对》《曾胡治兵语录》。

《曾胡治兵语录》一书于1917年在上海首次印行，1919年在广州重印，1924年黄埔军校作为教材刊印，1943年八路军《军政杂志》曾出版《增补曾胡治兵语录白话句解》，1945年八路军山东军区重印出版。此后，1995年巴蜀书社、1997年九州图书出版社、1999年吉林人民出版社、2002年中国民族摄影艺术出版社、2007年广西师范大学出版社、2008年中共中央党校出版社、2009年中央编译出版社等又多次刊印出版。由此可见，这是一部对后世影响很大的重要兵书，是一部兵学著作，这是当年蔡锷未曾预料到的，是蔡锷对中国军事学的重要贡献。

3. 辛亥昆明重九起义，可以与武昌首义相媲美

蔡锷旋被任命为云南新军第19镇第37协协统（相当于旅长）。蔡锷虽然不是同盟会员，"却是一个具有爱国民主思想的人"②。

这一时期，全国革命形势日益高涨，云南新军中的同盟会员态度更为激进。新军排长、同盟会员黄毓英曾会见蔡锷，介绍云南革命酝酿的状况，希望蔡锷给予支持。蔡锷说："时机不到干不得，时机成熟时绝对支持。"明确表示了态度。

---

① 《曾胡治兵语录》蒋介石序，曾业英编《蔡锷集》，湖南人民出版社2008年版，第314、315页。

② 朱德：《辛亥革命回忆》，《朱德选集》，人民出版社1983年版，第379页。

1911年10月10日辛亥武昌首义爆发不久,云南即于10月27日、10月30日、11月1日先后爆发了腾越(今腾冲)、昆明、临安(今建水)三次起义,都取得了胜利。蔡锷直接参与策划和领导了昆明重九起义。

辛亥武昌起义爆发后,云南同盟会员立即准备响应。在昆明同盟会员和革命志士从10月16日到28日连续五次召开秘密会议,进行策划。会议认真分析了情况,细致安排了兵力,推举军阶较高、支持革命的蔡锷为起义军临时总司令;又以原云南陆军讲武堂总办、同盟会云南支部长李根源为临时副总司令,并决定10月30日发动起义。这一天是农历九月初九,故称为"昆明重九起义"。按照分工,蔡锷负责在昆明东郊巫家坝的第37协74标(团)等部的具体联络指挥,李根源负责在昆明北郊北校场的第37协73标等部的联络指挥。

10月30日傍晚,蔡锷在巫家坝74标标本部召集革命志士中的骨干会议,作起义的最后准备。会议尚在进行中,"嘟、嘟、嘟……"的电话铃不安地响起来。主持会议的蔡锷拿起了话筒,电话里传来了急促的声音:"松坡,松坡!是你吗?"蔡锷已经听出是云贵总督李经羲的声音,随即应声:"是,是!"

李经羲接着说:"北校场的士兵叛变,已向北门进攻。现在,我命令你,火急,马上率74标官兵进城,镇压叛军。火急,火急呀!"

蔡锷再次说:"是,是!"放下电话,已隐约可以听见城北的枪声了。蔡锷不慌不忙地对与会军官们说:"刚才是李经羲打来电话,要我进城平叛,看来北校场的行动已经开始,我们要紧密配合。现在,马上紧急集合!"

随着紧急集合的号声吹响后几分钟,在巫家坝的官兵们很快在操场上集合了,黑压压的一大群。蔡锷以稳健的步伐走上了阅兵台,直截了当地宣布革命宗旨,并对作战方略作了指示。官兵们三呼"革命军万岁",以示赞成。蔡锷乃下令整队,出发攻城。

就在这时,从讲武堂毕业不久分到74标担任见习排长的朱德冲到队伍的前面向蔡锷报告说："二营左队连长带领两个排逃走，我带领一排人紧紧追赶，包围了他们，追回了部队，但连长跑了。"蔡锷乃命令："那就任命你为连长，指挥该队。出发，进攻！"

原来，在10月30日晚上8点多，昆明北校场排长黄毓英等派兵抬子弹，作起义准备，被值日队官、北洋派的唐元良追究，甚至鞭打士兵。情绪激愤的士兵开枪打死了唐元良及几个北洋军官，于是昆明重九起义提前几个小时由基层发动了起来。

以李经羲为首的清廷势力进行了顽固的抵抗。重九之夜，昆明的战斗异常激烈。仅以同盟会员、新军排长文鸿逵的英勇事迹为例。文鸿逵在率队进攻昆明城内制高点五华山时，英勇当先，露出半截身子，勇猛射击敌人，不幸为敌人机枪扫射，胸部中弹如蜂窝，壮烈牺牲。据说，其所受枪弹在"万粒以上"。① 如此英勇，可歌可泣。

在昆明重九起义的战斗过程中，革命志士牺牲150余人，负伤300余人；敌方死亡200余人，负伤100余人。② 因而有学者认为："云南省城起义，是除首义的湖北以外，独立各省革命党人组织的省城起义中，战斗最激烈、代价也最巨大的一次。"③ 可见，辛亥昆明重九起义的激烈战斗，可以与辛亥武昌首义的战斗相媲美。由于是经过激烈的战斗，昆明重九起义对旧政权的打击相对彻底，对云南新政权的建立及其进行的改革、实施的政策不能不产生相当的影响。

---

① 孙种因：《重九战记》，《辛亥革命回忆录》第六集，文史资料出版社1981年版，第247页。

② 冯自由：《云南辛亥省城光复实录》，《革命逸史》第六集，中华书局1981年版，第221页。

③ 章开沅、林增平主编：《辛亥革命史》下册，人民出版社1981年版，第145页。

4. 大胆改革，使云南成为南北各省之冠

辛亥昆明起义成功后，全省迅速光复。起义后建立的新政权——云南军都督府的主要领导权掌握在革命党人和起义军人手中，都督为蔡锷（一把手），军政部总长兼参议院院长为李根源（二把手）。李根源是同盟会云南支部长，掌握着云南军都督府的实权，体现了同盟会作为政党的领导作用。

云南军都督府（又称"光复楼"）原貌

云南军都督府成立后，大胆地推行了一系列带有资产阶级性质、发展资本主义的改革措施。其改革涉及内政、经济、财政、教育、实业、交通等方面。试举例说明。

在内政方面，都督府编制了云南省五年政治大纲，这实际上是五年建设计划，这是云南有史以来可考的第一个官方制订的全省五年建设计划。都督府还定期召开政务会议，讨论本省一切重大问题。凡讨论决定之事项，由都督下令各机关各单位，限期办理，效果良好。

在内政改革中，大量更新官员（公务员）。都督府从都督到各部、司、局的主要负责人基本上都是同盟会员或同情革命的人士，撤换了一批贪污腐败的地方官，这就保证了都督府改革措施得以顺利推进。

还要提及的是，官员的任用都是通过正常的渠道，而反对走"后门"。蔡锷担任云南都督后，在家乡从事农业劳动的二弟蔡钟来到昆明，希望蔡锷能为其安排一官半职，遭到蔡锷的拒绝。蔡锷给了他20元，让他走路回湖南老家。蔡钟回湖南后，蔡锷的友人、湖南省财政厅厅长袁家普考虑安排蔡钟为铜元局局长，亦为蔡锷婉言谢绝。他说："恐年少，有误公事。"① 这反映了蔡锷的为人。

在都督府的一系列改革中，财政改革尤让人瞩目。财政改革主要是整理财政，节俭开支，即开源节流。在清代末年，云南岁入不过300余万两银，而岁出则需600余万两，相差一半。那时每年除中央财政拨款和四川、湖南、广东等邻省协济160余万两外，尚差100余万两，可见财政困难到了非常严重的地步。

以蔡锷为首的都督府采取了严厉的开源节流措施。其中要特别提及的是蔡锷两次带头减薪，都督的月薪由600元减到60元，仅为原薪的10％，与营长月薪相等，以下依次递减，但士兵、工匠不减。朱德回忆说，蔡锷带头减薪，开源节流，使云南"廉洁成为一时风尚"②。据说，此时云南都督月薪之低，全国第一。

民国元年（1912），由于全省安定，措施得力，云南财政在没有中央和邻省协济的情况下，不仅没有发生赤字，还节余滇币近20万元。③ 更有甚者，这一年云南还主动接济贵州5万元，向哭穷的中央政府提供了20万元资助。这是云南财

---

① 袁家普：《蔡公遗事》，《长沙日报》1916年11月11日。
② 李希泌：《如兹风美义，天下知重师》，《社会科学战线》，1979年第2期。
③ 万湘澄：《云南对外贸易概观》，新云南丛书1946年版，第183页。

政史上的奇迹。①

由于云南财政情况好转，云南的改革措施得以顺利地推行，为辛亥时期云南政局的稳定打下了良好的基础，使云南成为民初最安定、最稳定的省区，得到了人们的普遍赞许。英、法人士也赞扬说："若蔡公者，余表心钦其为人。""若蔡公者，当今第一。"② 蔡锷自己也乐观地说，由于改革取得了明显效果，使得财政不甚困难，金融甚为活跃，因而"一切善后布置，俱能井井有条，秩序上之严整，实为南北各省之冠"③。

云南光复之际，西南地区以至全国各省，还在很大程度上处于动荡不安的状态之中。川、黔、藏有关方面曾先后给云南来电，请求云南军都督府支援。为此，云南军都督府在加紧改革、稳定全省的同时，派出滇军支援川、黔、藏省区的斗争。

滇军无论入川、入黔，还是入藏，都取得了重大的军事胜利，显现了辛亥时期滇军的威风。如1912年滇军入藏平叛，仅在8月15日与西藏叛军在溜筒江接触，即歼敌7人，伤敌30余人，敌人逃跑时落江死亡20人，而滇军无一伤亡。

辛亥滇军大显威风，所向披靡，成为国人关注的一支军队，被认为"滇军精锐，冠于全国"④。这就为几年后护国战争爆发于云南准备了有利条件，也为民国时期滇军的出色表现开了一个很好的头。

---

① 蔡锷：《致袁世凯及各省都督电》，曾业英编《蔡锷集》，湖南人民出版社2008年版，第653页。

② 蒋百里：《蔡公行状略》，《长沙日报》1916年12月26日。

③ 蔡锷：《滇省光复始末记》，《辛亥革命》（六），上海人民出版社1957年版，第227页。

④ 赵钟奇：《护国运动回忆》，《近代史资料》，1957年第5期。

5．在北京被监视，巧用小凤仙以掩饰

1913年底，蔡锷离开云南，调往北京。所遗云南都督一职，由贵州都督唐继尧继任。蔡锷为什么离开云南？一方面是他本人希望到中原地区施展更大的才华；另一方面则是时任中华民国临时大总统的北洋军阀头子袁世凯对他不放心，所以调来北京加以控制。

袁世凯为了笼络蔡锷，先后任命他为陆军部编译处副总裁、政治会议议员、参政院参政、海陆军大元帅统率办事处办事员、全国经界局督办，并加昭威将军名号。而蔡锷初到北京，也对袁世凯抱有幻想，希望帮助他建设好新生的民国，因此对袁世凯委以他的职务是相当热心的，也颇为尽力。

然而，蔡锷对袁世凯的幻想和热情没有维持多久，就逐渐为袁世凯独裁、卖国的行径所扑灭，幻想遂成了泡影。特别是1915年5月袁世凯接受卖国的"二十一条"，更使蔡锷完全失去了对袁世凯的信心。8月，"筹安会"出炉，袁氏复辟帝制公开化，逼使蔡锷走上了反袁的道路。他表示："为四万万人争人格起见，非拼着命去干一回不可。"① 袁世凯也洞察了蔡锷的反袁态度，遂派人进行严密的监视。

为了掩饰自己的心态和行踪，蔡锷开始涉足京中八大胡同妓院，装成无所作为的样子。世传蔡锷与小凤仙的故事，也就发生在这个时期。小凤仙确有其人，蔡锷巧用小凤仙以掩饰自己也确有其事。后来，蔡锷讨袁一举成名，他与小凤仙的故事也就愈传愈奇。蔡锷利用了这件事，与夫人打闹不休，摔坏杯盘什物不少，惊动了袁世凯。袁世凯乃命其亲信王揖唐、朱启钤前往劝架。袁说："松坡简直和小孩子一般，怎么同女眷闹成这种样儿，两人速往排解。"王、朱二人愈排解，闹

---

① 梁启超：《护国之役回顾谈》，《饮冰室合集·文集之三十九》，中华书局1941年版，第89页。

得愈凶，蔡夫人即借此带着母亲和孩子回湖南去了。蔡锷无难色，并要朱启钤代为物色佳丽。袁世凯闻言，称蔡锷为"风流将军"。蔡锷借此更常去八大胡同妓院解闷，而暗中则利用八大胡同作为秘密机关接洽地。当蔡夫人与蔡母离京后，奸诈狡猾的袁世凯颇有戒心，觉得上了蔡锷的当，乃密派便衣军警闯入蔡宅，翻箱倒箧，检查函件电报，但毫无所获。蔡锷明知其故，却严词质问抗议。袁世凯则故作姿态，假戏当真，严饬军警当局捕拿盗犯，并从监狱中提出罪犯数名枪决，以资掩饰。然而，蔡锷知事情已不可挽回，乃与其老师梁启超、经界局秘书长周钟岳等人密商，决定尽快逃出北京。

蔡锷是怎样逃出北京的？说法很多。其中一种说法是，蔡锷为了掩饰自己，逃离北京的当天上午，进海陆军大元帅统率办事处，在监视人的注视下，打电话给小凤仙，中午邀她吃饭。监视人遂放松了警惕。蔡锷在打完电话后，即悄悄地去了北京火车站，坐三等车逃到天津。因而，盛传小凤仙掩护蔡锷逃出了北京。为此，当事人刘成禺在《洪宪纪事诗》中写成了如下的诗句：

> 当关油壁掩罗裙，女侠谁知小凤仙。
> 缇骑九门搜索遍，美人挟走蔡将军。

蔡锷出京更大的可能性是经过袁世凯批准的正常行动。这是在当时形势下所能选择的最佳斗争方式，它巧妙地掩护了云南正在暗中进行的讨袁活动。如果蔡锷不辞而别，云南必然会受到袁世凯的注意，护国战争有可能被袁世凯先下手为强扼杀了。将去向亮在明处，才有可能把袁世凯迷惑住。现在，我们可以看到北京政府公开发行的《政府公报》1915年11月2日、21日、25日、27日，12月3日等多期，都刊登了蔡锷请假治病，并经袁世凯批准的报告。其实这些报告都是官样文章，真真假假地糅合在一起，不可不信，也不可全信。蔡锷为掩人耳目，采取了"先斩后奏"的办法,逃脱了才托人将请假报告送上。而心知肚明的袁世凯只好照批,并刊登《政府公报》,给人造成似乎蔡锷仍在其掌握之中的印象。

蔡锷与各方面反袁人士联络后,逃到天津,与梁启超等人作最后之密商,决定梁去两广,蔡从日本绕道去云南。经过艰难、惊险的一段旅程,蔡锷终于在1915年12月19日到达昆明。有人说:"蔡锷由北京到昆明,定策于恶网四布之中,冒险于海天万里以外,比三国时云长'过五关斩六将',其惊险程度不知超过了若干倍。"① 蔡锷冒险抵滇,对云南正在酝酿的反袁斗争是一个新的刺激,加速了反袁护国战争的爆发。

6. 参与和领导护国战争,立下了特殊功勋

早在蔡锷入滇前,云南方面已酝酿反袁战争。其时,云南将军唐继尧的态度是颇为犹豫的。但是,滇军中下级军官反袁情绪激昂,唐继尧深恐军心不稳;又闻蔡锷即将来滇,袁世凯心腹大将冯国璋等亦不满袁世凯称帝,这就促进了唐继尧的转变,下定了讨袁的决心。

在蔡锷来昆之前,袁世凯已于12月12日宣布接受帝位,激起了全国各阶层人民的反抗。原国民党人熊克武、李烈钧等人亦先后来滇,共同策划反袁武装起义。蔡锷到滇后两日,即12月21日,与唐继尧一起主持了举行准备起义的又一次会议。大家一致认为,起义日期不可再延,决定紧急行动,先礼后兵,先电袁氏,令其取消帝制,然后宣布云南独立。

12月22日举行了起义前的最后一次会议。起义者们举行了庄严的宣誓仪式,歃血为盟。誓词为:

---

① 陶菊隐:《筹安会"六君子"传》,中华书局1981年版,第138页。

拥护共和，我辈之责。

兴师起义，誓灭国贼。

成败利钝，与同休戚。

万苦千难，舍命不渝。

凡我同人，坚持定力。

有渝此盟，神明必殛。

宣誓以后，又连夜讨论了军政府的组织及讨袁军队的编制问题。会议决定，讨袁军队名为"护国军"，军政府即以云南护国军政府命名。而唐留守，蔡出征，两人地位平等。这样就决定了以蔡锷为护国第一军总司令，出兵四川；李烈钧为护国第二军总司令，出兵两广；唐继尧以军政府都督兼第三军总司令，负责留守。

1915年，护国军出师前五人合影。左起：李曰垓、罗佩金、蔡锷、殷承瓛、李烈钧

12月23日,云南方面致电袁世凯并通电各省,要求取消帝制,诛除帝制祸首,限12月25日上午10时答复。到时未收到答复,云南即宣布独立讨袁。消息传出后,昆明各界人民欢呼雷动,全市游行,高呼打倒袁世凯、拥护共和口号。1916年1月1日,护国三军总司令联名发出《讨袁檄文》,列举袁世凯二十大罪状,并宣布护国宗旨,在于讨伐袁世凯,消灭帝制,恢复共和民国。全国各阶层人民、政党、团体纷纷行动起来,结成了反袁联合阵线。

其时,被编入蔡锷第一军的支队长(团长)朱德正在滇南蒙自。起义前夕,蔡锷派专人带了一封亲笔信给朱德等人,向他们介绍了反袁斗争的形势、云南出师讨袁的计划等,要他们积极准备,以便在12月25日蒙自能与昆明同时发动起义。25日晨,朱德遵照蔡锷的计划,率领士兵起义,并举行了讨袁誓师大会。会后,朱德率部乘火车赶往昆明。朱德到达昆明后,立即赶往蔡锷的司令部。朱德回忆说,蔡锷正在开会,见到我们后,即起身向我们走来,我大吃一惊,说不出话来。他瘦得像鬼,两颊下陷,整个脸上只有两眼还闪闪发光。那时他的声音已经微弱,我们必须很留心才能听得清。朱德关心地问道:"将军,你有病,不能带队出征啊。"蔡锷回答说:"别无办法,反正我的日子也不多了,我要把全部生命献给民国。"①

护国第一军第一梯团(旅)刘云峰率邓泰中、杨蓁两支队先于云南宣布独立之前,即往滇东北昭通,向川边移动。护国第一军主力第二、三梯团则于1916年1月14日从昆明誓师出发。袁世凯调兵遣将,拟分三路向护国军反扑,而重点是川南泸州一线,因而护国第一军在川南的战斗是护国战争的主要战场。护国川南战场是中国内战史上著名的恶战,是有枪炮以来战斗最激烈的战场。

---

① (美)史沫特莱:《伟大的道路——朱德的生平和时代》,三联书店1979年版,第131、132页。

护国第一军第一梯团于1916年1月21日占领川南重镇叙府（宜宾），取得了重大胜利。而护国第一军主力则指向川南另一重镇泸州，但是由于双方力量悬殊过大，敌强我弱，结果是叙府得而复失，纳溪（泸州之南的县城）三易其手。在1916年二三月间的40多天内，川南几乎全部化为战场，战争打得相当艰苦。由于北军冯玉祥旅的转变，贵州于1月27日宣布独立讨袁，川军第二师师长刘存厚在纳溪宣布独立，护国军的形势才稍有好转。

2月23日，蔡锷不顾自己身体有病虚弱，带病从设在四川永宁（叙永）的总司令部驰赴纳溪前线，直接指挥战斗，与士卒共甘苦。反攻前夕，蔡锷身着士兵服，巡视前线，顾品珍、赵又新两梯团长及卫士数人陪同前往。午间经过朝阳观敌阵地前，敌我各据一高地，其间是水田。蔡锷等沿田埂过水田，行进间被敌人发现，敌机枪猛烈扫射，弹如雨袭。顾品珍身体轻捷，急速跑进安全区。赵又新身体肥胖，回头退去。蔡锷及其余军士由田埂滚入水田隐蔽，水田中一军士见顾品珍已进入安全区，乃上岸沿顾品珍走过的路线飞跑，不幸中弹，弹穿两颊，打断舌头。蔡锷不得已在水深及腰的田里躲到天黑，才爬上田埂，回到纳溪指挥部。

在战斗最紧张的时刻，蔡锷命令朱德支队占领纳溪东南高地棉花坡。朱德支队配合友军在这里坚持近一月，打退北军多次进攻，稳住了护国军阵地。以棉花坡为中心的纳溪保卫战，鏖战经月，护国军伤亡及失踪上千人，北军死伤达三四千人。由于护国军士气旺盛，虽"屡颇于危，皆能绝处逢生"①，而且"无不以一当十"②。而蔡锷每天平均睡眠不足3小时，吃的也是一半米一半砂，但仍坚持指挥战斗。

3月15日，广西宣布反袁独立。于是，蔡锷于3月17日发动总反攻。护国军突破敌人前线阵地，直抵泸州城下。不过由于双方伤亡过重，护国军后援无继，

---

① 蔡锷：《致唐继尧等电》，《湖南历史资料》，1980年第1期。
② 《蔡松坡家书》，《近代史资料》，1963年第4期。

北洋军也打不下去了,川南战斗遂成胶着状态。而在川东、湘西及省内抵抗北军的战斗,亦相继取得胜利。

由于护国战争节节胜利,加上帝国主义各国给袁世凯施加压力,袁世凯乃于3月22日下令撤销帝制案,但仍以"大总统"自居。护国军坚持袁世凯必须下台,反袁斗争继续高涨。接着,广西、广东、浙江、陕西、四川、湖南又宣布独立,北洋军阀分崩离析。袁世凯从此一病不起,于6月6日一命呜呼。

袁世凯一死,护国战争也就自然结束了。护国战争在反对袁世凯复辟,阻止中国历史倒退方面,取得了重大胜利。蔡锷作为护国军的主要领导人,在发动、领导和指挥战争过程中,坚决果断,艰苦奋斗,对粉碎袁世凯复辟帝制起了重要作用。而且,蔡锷带病坚持在战斗第一线,精神更是难能可贵。蔡锷既是再造共和的护国的象征,又是护国战争的"军神"。

7. 受命四川督军,却病逝东邻

紧张的战斗结束以后,蔡锷的病情迅速恶化了,喉病加剧,高烧不退,发音困难,很为痛楚。因此,他向北京政府请假治病。然而,此时四川省内战乱又起,川省各界群众希望蔡锷留川,帮助川省整顿和建设,因此北京政府不仅不批准蔡锷的请假报告,还于7月6日任命蔡锷为四川督军兼省长。蔡锷再三推辞,却不得要领,不得已于7月29日到达成都视事。蔡锷到成都之日,各界人士出动欢迎,"万人空巷,想一望风采"①。

蔡锷在成都十天,大刀阔斧整理在川军队,统一财政收支,考虑建设计划等,费尽心思。然而病不饶人,他的病势继续恶化,实难坚持工作。蔡锷乃再电北京,

---

① 吴光骏:《刘存厚早期活动与刘罗、刘戴之战》,《四川军阀史料》第1辑,四川人民出版社1981年版,第119页。

请准予辞职治病,并保滇军将领罗佩金代理川督、黔军将领戴戡代理省长兼会办四川军务。8月7日,北京政府终于批准给假两月。

这样,蔡锷在成都视事十日后,于8月9日离开成都,先到泸州,拟坐船沿长江东下治病。蔡锷到泸州,先到驻军泸州的朱德家里休息。朱德最后一次见到蔡锷时,"绝望的感觉立即涌上心头。蔡锷看上去像个幽灵,虚弱得连两三步都走不动,声音微弱,朱德必须躬身到床边才能听得他说的话。蔡锷低声说,这次去日本(治病),既费时间又费钱,因为已经自知没有救了。他并不畏死,只是为中国的前途担忧"①。

蔡锷从泸州乘船东下,于8月28日到达上海。到上海后,除梁启超等少数人外,其余一概拒绝见面。梁启超回忆说,蔡锷到上海时,"我会着他,几乎面目也认识不清楚,喉咙哑到一点声音也没有。医生看着这病是不能救了"②。尽管如此,他还为梁启超的《盾鼻集》作序,回顾策划讨袁的过程。随后于9月14日到达日本九州福冈医科大学病院治疗。

蔡锷到日本之初,病情似有好转,但得知好友黄兴1916年10月31日病逝于上海的消息后,非常悲痛,病情加剧。延至11月8日凌晨,蔡锷终因积劳成疾,医治无效,不幸逝世,享年仅34岁。

蔡锷临终前,由护士勉强扶起来,凭窗瞭望日本飞机演习,又一次受到刺激。他说,现代战争已由平面而转立体,我国又不知落后了多少年。非常感叹:"我不死于对外作战,不死于疆场马革裹尸,而死于病室,不能为国家作更大的贡献,自觉死有余憾"③。乃口授随员,遗电国人四件事:(一)愿我人民、政府,

---

① (美)史沫特莱:《伟大的道路——朱德的生平和时代》,三联书店1979年版,第138页。
② 梁启超:《护国之役回顾谈》,《饮冰室合集·文集之三十九》,中华书局1941年版,第97页。
③ 陶菊隐:《筹安会"六君子"传》,中华书局1981年版,第141页。

协力同心，采有希望之积极政策；（二）现在各派意见多乖，竞争权利，愿为民望者，以道德爱国；（三）此次在川阵亡及出力人员，恳饬罗佩金、戴戡，核实呈请恤奖，以昭公允；（四）锷以短命，未能尽力民国，应为薄葬。①

蔡锷的逝世，引起全国人民的悲痛。北京政府慑于舆论的压力，决定拨款两万元为蔡锷治丧，追授为上将军，并举行国葬典礼。蔡锷的追悼会在北京、上海等地分别举行，而其国葬典礼则于1917年4月12日在长沙举行，气氛庄严。赠送挽联的知名人士很多，其中孙中山赠送的挽联是：

<blockquote>
平生慷慨班都护
万里间关马伏波
</blockquote>

对蔡锷作了很高的评价。

蔡锷遗体运回国后，葬于湖南岳麓山万寿寺之后山。北京政府随后又定12月25日为云南起义纪念日，作为国家纪念日之一。

蔡锷一生璀璨，主要做了两件大事，一是在辛亥云南时期，领导了云南反清起义，建立了辛亥云南军都督府，实行了一系列有成效的改革。二是在袁世凯复辟帝制时期，领导了反袁护国战争，立下了特殊的功勋。这两件大事，奠定了蔡锷在中国近代史上的历史地位。

蔡锷是辛亥云南首任都督，民国滇军的第一任统帅。他在担任都督的两年内实行的一系列改革，使民国初年的云南成为全国最安定的省区，成为乱世中的一片绿洲，为后来云南的发展和滇军的成长奠下了良好的基础。

---

① 刘达武编：《蔡松坡先生年谱》1916年条。

三、混战中的沉浮
——唐继尧时期的云南

1. 幼年"过目成诵",青年留学日本

唐继尧(1883—1927),字蓂赓,云南会泽人,出生于一个勤于功名的书香门第家庭。"自先世以来,屡代科名相继。"① 唐继尧的父亲唐学曾(字省三)是庠生,叔父唐学闵(字阎如)为丁酉科举人。

幼年时期的唐继尧比较聪明,也较为勤奋,6岁入私塾,所读之书"过目成诵",颇引人注意。有一次,其叔见有卖秧鸡的农民路过,乃以"水鸟"二字,叫唐继尧也以二字相对。唐继尧略加思考即回答"云龙"二字。他说:"水中有鸟,故出水鸟。我以为云中有龙,故对云龙。"② 颇得家人的好评。

唐继尧

唐继尧自幼长得"帅"气,是会泽美男子。他15岁时应童子试,为文奔放,字句俊俏,县令乃将他的名字列在最前,补为传士弟子员。

1905年(光绪三十一年),清廷下令停科举考试,以广设学校,在中国实行

---

① 庾恩旸:《再造共和唐会泽大事记》,1917年云南省图书馆发行,第4页。
② 庾恩旸:《云南首义主干英杰会泽唐公史略》,1916年云南开智公司印行,第6页。

了 1300 多年的科举制度，遂行废止。而在这之前的 1904 年，清政府下令各省选派学生赴日本留学。东川府周彩臣、会泽县王慎余备文推荐唐继尧赴昆明参加留日学生考试。东川府考取官费生 4 人，唐继尧名列其中。这一年是云南派留学生的高峰，达 100 多人，其中到日本入东京振武学校学军的就有 30 多人。

唐继尧出国前，其父带领他去拜会云南著名学者、时任云南高等学堂总教习的陈荣昌，征询意见，请教填报志愿以何专业为好。陈荣昌重视实业，劝报工科，所以他就填工科的志愿。

那时滇越铁路尚未通车，唐继尧与省内留学生一道，出黔湘，顺长江东下，抵上海，搭轮赴日本。到日本后，唐继尧感到"工业缓不济急，不如学陆军，异日庶可为国家效用"①，遂进入了东京振武学校。在该校同学 200 余人中，唐继尧是比较年轻的，不过这一年（1905 年）他已有 22 岁了。

唐继尧在日本深受资产阶级民主共和思想的影响。1905 年，孙中山组织中国同盟会不久，唐继尧即加入了同盟会，参与了同盟会云南支部刊物《云南》杂志的组织工作。他还与少数激进人士秘密组织了"陆军团"，创立"武学社"，从事推翻专制的革命活动。不过，唐继尧学习很认真，诗书画都有相当的水平，1906 年从振武学校毕业时，考试成绩名列第一。随后当兵见习，见习期满后，于 1907 年考入日本陆军士官学校第六期。这一期中国留学生很多，竟达 199 人，其中就有后来成为名人的李根源、孙传芳、罗佩金、刘存厚、李烈钧、程潜、尹昌衡、刘祖武等人。

1908 年 4 月，以孙中山为首的同盟会发动和领导了云南河口起义，一度占领河口，向北进军。消息传到日本，留日学生在东京神户锦辉馆发起云南独立大会，庆祝声援，参加大会的有近万人。会议决定捐款支援革命，并派杨振鸿等回国支

---

① 庾恩旸：《再造共和唐会泽大事记》，1917 年云南省图书馆发行，第 8 页。

援。然而，唐继尧表示反对派人回国实施支援。事后一些积极参与支援起义的学生被革除官费，有人怀疑是唐继尧"禀揭"（告密）所致。① 有人则认为，这表明唐继尧是一位"稳健的同盟会员"②。

1908年底，唐继尧毕业于日本陆军士官学校，秘密大量收购日本兵书运回国内。1909年初，唐继尧回到昆明，随后被任命为督练公所参谋处提调、云南陆军讲武堂教官、新军第19镇参谋官、74标第一营管带（营长）等，开始了新的历程。

2. 参与辛亥昆明起义，却率兵夺取了贵州都督

辛亥武昌起义爆发以后，风声所播，全国震动。云南同盟会员和革命人士积极准备响应，仅在昆明地区，从10月16日到28日，他们就先后召开了五次秘密会议，分析形势，研究对策。10月28日的第五次秘密会议，决定在1911年10月30日深夜发动起义，并推举新军第19镇第37协协统蔡锷为起义军临时总司令。这次秘密会议表明，辛亥昆明起义的准备是相当充分的，计划也比较细致和具体。根据现存记录，先后参加秘密会议的共13人，其中蔡锷出席四次，而只有唐继尧、刘存厚两人五次会议都出席了。这从一个侧面说明，唐继尧、刘存厚是辛亥昆明起义的主要策划人。唐继尧在秘密会议上曾慷慨激昂地声明："誓师响应，光复祖国。成败利钝，非所宜计。若徘徊瞻顾，趋利避危，非志士所应为。"③ 其态度是相当鲜明的。

10月30日（农历九月初九日）晚，辛亥昆明重九起义爆发。蔡锷、李根源

---

① 庾恩旸：《再造共和唐会泽大事记》，1917年云南省图书馆发行，第11页。
② 刘光顺主编：《唐继尧研究集》，云南民族出版社1996年版，第27页。
③ 东南编译社编述：《唐继尧》，1925年震亚图书局发行，第5、6页。

分别率部向五华山、总督署等地进攻。唐继尧作为74标第1营之临时管带（营长），率所部与李根源等配合，直扑云贵总督署（原址在今胜利堂）。唐继尧指挥炮兵射击督署，击毁署内房屋数十处，督署卫队死伤数十人。经过一昼夜的激烈战斗，昆明起义宣告成功。

11月1日，起义官兵在昆明五华山两级师范学堂所在地组织了新政权——"大汉云南军政府"，又称"大中华国云南军都督府"，公推蔡锷为都督。都督府成立之初，府内置一院（参议院）、三部（参谋部、军务部、军政部），以李根源为军政部总长兼参议院院长，韩建铎为军务部总长，殷承瓛为参谋部总长，而以唐继尧为军政部、参谋部两部次长（副部长）。

云南新政权建立之初，西南地区还处于比较混乱的状态，因而都督府在进行一系改革，稳定云南局势的同时，又派兵援川、援黔、援藏。唐继尧是滇军援黔的主要负责人。

援黔的起因，是滇军为了声援武昌首义地区的革命斗争，组织云南北伐军，编定为4000人，以唐继尧为北伐军司令。北伐军于1912年1月27日在昆明誓师出发，拟途经贵阳，前往湖北。然而，此时国内形势不断变化，蔡锷一度要北伐军改道入川，不要经贵阳。一方面川事危急，另一方面蔡锷了解到贵州内部两派（接近同盟会的自治学社，接近改良派的宪政会、耆老会）矛盾尖锐，滇军不宜介入。然而，宪政会一派坚决反对滇军改道，既上书蔡锷，又煽动唐继尧，许以高位。于是，唐继尧拒绝了改道命令，于2月27日率军抵达了贵阳近郊，分头占领了贵阳附近各高地和军事要地。在宪政会、耆老会和部分黔军的支持和怂恿下，唐继尧率军于3月3日拂晓突袭贵阳城，经一天战斗就完全控制了贵阳。

唐继尧控制了贵阳以后，竟大开杀戒。唐继尧的随从回忆说，战斗结束以后，"押解俘虏约一千六七百名来螺丝山阳明祠，报请总司令发落。唐接报告后即起身叫我同他出去看，一大伙副官、马弁跟随到了祠外。一看，这些俘虏并不是军人，只是穿着普通衣服的人,甚至还有穿长衫的杂立其中。所谓俘虏,同被集合到螺丝山麓的一个平坦低凹的地方,有武装兵在周围持械监视。唐到场后,看看俘虏,又看看报告,叫了一些被监视的俘虏出来,然后命令十名一列、十名一列的排列成行,随令副官马弁一列一列的解往后山斩首"。这样一次就杀不下五六十人。① 结果是螺丝山"*尸骸成丘,血流被道,至今民间号螺丝山麓为万人坑云*"②。也有人说:"被俘之人,无论官长士兵,恐不为己用,缴械之后,驱至东郊,悉数坑杀。"③

3月4日,贵州宪政会、耆老会控制下的贵州省议会推举唐继尧为贵州临时都督。4月26日,袁世凯任命唐继尧署理贵州都督;5月10日,袁世凯正式任命唐继尧为贵州都督。

唐继尧参加辛亥昆明重九起义,是有重大功绩的,然而在援黔过程中实行大屠杀,并夺取了贵州都督的职位,却开创了民国以来以武力夺取邻省政权的恶劣先例。这也是唐继尧历史发展过程中的一次倒退。

3. 大势所趋,投身反袁护国

1913年10月,蔡锷调往北京。同年11月,唐继尧回任云南都督,继续效忠袁世凯。12月,派兵镇压了响应"二次革命"的大理杨春魁起义,杀害辛亥滇西腾越领导人张文光。1914年10月杀害中华革命党云南支部总务徐天禄等。

"二次革命"以后,袁世凯踌躇满志,得意忘形,加紧了独裁、卖国的步伐,

---

① 李佩珩:《随唐继尧入黔忆事五则》,《辛亥革命回忆录》第3集,文史资料出版社1981年版,第401页。

② 周素园:《贵州陆军史述要》,《贵州文史资料选辑》第1辑,第9页。

③ 黄济舟:《辛亥贵州革命纪略》,《云南贵州辛亥革命资料》,科学出版社1959年版,第169页。

甚至复辟封建帝制,这就使人民群众进一步看清了袁世凯的真面目,一场反对袁世凯复辟帝制的斗争迅速开展起来。在举国一致反袁斗争高涨的形势下,云南反袁斗争也在积极酝酿,特别是受辛亥共和思想熏陶的滇军中下级军官表现非常活跃,他们决定尽快打出反袁的旗号。而此时的唐继尧已被袁世凯任命为"开武将军"兼督理云南军务,表面上对袁称帝是拥护的。但是,如果不争取掌握实权的唐继尧参与反袁斗争,形势将非常不利。唐继尧毕竟不是袁世凯的嫡系,又远离北京政治中心,因此争取他是可能的。为此,滇军中下级军官秘密会议决定了四项办法:(一)于适当时期,要求唐氏表示态度;(二)如唐氏反对帝制,即仍拥其为领袖;(三)如中立,则将彼送往安南(越南);(四)如赞成帝制,则杀之,拥罗佩金为领袖。①

在全国反袁形势高涨的情况下,省内军界反对帝制态度坚决,酝酿起义的秘密会议多次召开,唐继尧如再拥袁或犹豫不决,都可能危及自己的地位。唐继尧反复掂量形势,在北洋军于四川、湖南步步紧逼的形势下,又闻蔡锷即将来滇,袁世凯心腹大将冯国璋甚至有"滇发难,当继踵而起"的表示②,乃下定决心,参与了反袁斗争的行列。唐继尧的转变,为反袁护国战争提供了后方基地,增强了护国军的安全感,为反袁护国斗争的胜利创造了有利条件。唐继尧也从各方面进行了积极的准备。

1915年12月12日,袁世凯竟然接受帝制,这就加速了反袁斗争的进程,各方面的反袁志士如李烈钧、熊克武、吕志伊、程潜、方声涛、但懋辛等已先后来到昆明,共同策划反袁。12月19日,蔡锷脱险来到昆明,有力地促进了反袁护国战争的爆发。

---

① 何慧青:《云南起义与国民党之关系》,《南强月刊》(云南起义专号)第1卷第3期,1936年12月南京出版。

② 邓之诚:《护国军纪实》,《史学年报》二卷二期,1935年版。

在随后举行的会议上，唐继尧、蔡锷等决定立即发动讨袁战争。唐继尧称蔡锷为"老前辈"（其实蔡锷只比唐继尧年长1岁，不过蔡在日本陆军士官学校时是唐的师兄，辛亥革命时又是唐的上级），而蔡则称唐为"蓂赓"，谈话十分亲切。在商量谁出征、谁坐镇的问题上，发生了一番争论。唐提议蔡为都督，坐镇后方指挥，自己统兵出征；蔡则坚持自己出征，唐留守，不能"喧宾夺主"。双方相互推让，以至流下了眼泪，情景甚为感人。经过几番推让，最后决定蔡出征，唐坐镇，但两人的地位是平等的。两人约定，云南内部的军政事务由唐负责，出征部队则全盘归蔡指挥。蔡任护国军总司令（后改为护国第一军总司令），非唐委任，其总司令关防由云南省议会刊刻授蔡。蔡、唐之间互用公函，而不能用命令。后来成立护国第二军，由唐以都督名义颁发关防，行文用命令，而第三军则由唐自兼。

云南护国军重要人物合照。前排左起：李友勋、张子贞、任可澄、唐继尧、张耀曾、叶荃、庾恩旸；后排左起：陶凤堂、钱开甲、马为麟、赵世铭、蒋光亮、唐继虞

1915年12月25日，云南宣布独立讨袁，组织护国军与护国军政府。以蔡锷为护国第一军总司令，率兵出蜀；以李烈钧为护国第二军总司令，率兵入桂；唐继尧以护国军政府都督兼护国第三军总司令，留守并相机出击。反袁护国战争正式爆发。反袁护国战争的主要战场在川南，其次为湘西和川东。另外唐继尧坐镇云南，在滇南击退了袁世凯任命的云南查办使龙觐光部（原广东广惠镇守使，云南人），稳定了云南后方，对前线的护国军是一个有力的支援。1916年1月27日贵州宣布独立，3月15日广西宣布独立。川南护国军反攻获胜，全国人民反袁护国斗争空前高涨。袁世凯不得不于3月22日宣布取消帝制。

袁世凯取消帝制后，仍把住大总统位置不放，护国军方面拒绝接受，坚持袁世凯必须下台。广东又于4月6日独立，浙江则于4月12日独立。护国军和反袁独立各省为了坚持让袁世凯退位，对抗袁世凯政权，乃于5月8日于广东肇庆成立护国军军务院，以代行北京政权。以唐继尧为军务院抚军长，岑春煊为抚军副长代抚军长职权，梁启超为抚军兼政务委员长，蔡锷等为抚军。军务院虽然并未起到领导反袁独立各省的作用，然而却表明了定要袁世凯下台的决心，因此它对鼓舞全国人民的反袁斗争起了积极作用。随后四川、陕西、湖南又宣布独立。袁世凯在全国人民的反对下，又失去帝国主义列强的支持，在一片众叛亲离声中，垂头丧气，一病不起，于6月6日去世。袁世凯一死，护国战争就自然结束了。

唐继尧领导护国战争，推翻了袁世凯帝制，立下了奇勋。唐继尧一生的威望达到了一个新的顶点。然而，在护国战争后期，随着地位的升高，威望的上升，唐继尧的野心也开始膨胀了。在护国战争最艰苦的日子里，唐继尧无论在兵员的配备和军费的使用上，对蔡锷在前线艰苦作战的第一军是有所刁难的，没有支援一兵一卒，也未拨给一分一厘。然而在护国战争事实上已经结束之时，唐继尧却将护国三军扩大为八军之多，准备会师武汉，大举北伐。这件事引起蔡锷的忧虑，他讽刺说:"古者天子有六军,今能驾而上之,莫公之魄力伟矣。"① 护国战争是唐继尧一生之顶点,也是他走下坡路的起点。

4. 两次成都巷战,唐继尧走了下坡路

护国战争结束以后,中国社会出现了军阀割据和混战的局面。即使是反袁独立各省区的领袖,有的也企图利用护国的声威,增大膨胀野心,以图攫取更多的地盘。

护国战争结束后,蔡锷被任命为四川督军兼省长,唐继尧为云南督军。1914年11月,蔡锷病逝以后,唐继尧对四川的扩张遇到了川军的反抗,结果原来在护国军旗帜下的川、滇、黔三省军队互相残杀,发生了1917年4月和7月的两次川、滇、黔军的成都巷战。

蔡锷离川去日本治病之时,推荐滇军将领罗佩金代理四川督军,黔军将领戴戡担任四川省长兼军务会办。护国战争时期,进入四川的滇、黔军根据唐继尧的指示,不仅不撤出川省,而且还继续增兵;大批滇人及黔人,又出任四川各级地方官吏。北京政府以战争结束为名,要求各省"收束军队"。罗佩金奉唐继尧之命,采取了"强滇弱川"的裁兵计划,将川军改为地方军,缩编为三师一旅(原为五师);滇军则改为一师一旅,黔军改为一混成旅一独立团,编为中央军(成为"国军"),从而取得了驻川的合法权利和地位。

这个裁兵计划,自然遭到川军将领刘存厚等人的反对。罗佩金先从川军第四师开刀,下令川军第四师改编为一个混成旅,而师长陈泽沛却要求缩编为一个混成旅和一个团,同时要求发清欠饷,这实际上是拒绝执行改编令。1917年4

---

① 蔡锷:《复戴戡电》(1916年6月4日),曾业英编《蔡锷集》,湖南人民出版社2008年版,第1417页。

月,罗佩金下令强行解散第四师,全部缴械。4月18日,滇军押送收缴的川军第四师武器到成都北门外,川军第一军军长兼第二师师长刘存厚下令截夺,开枪射击,人械一并扣留。滇军当场死十余人。滇军另一部经过成都通惠门,刘存厚又下令开枪射击。这样就引起了川、滇两军在成都城内开炮互击,开枪互射,双方都指责对方首起衅端。双方伤亡惨重,平民百姓也有死伤。两军甚至互相烧毁百姓住房,声言"亮城"。

战端爆发后的第三天,即4月20日,四川省议会、商会、英法日三国驻成都领事分途对双方进行调停,遂停战一日。黔军开赴川、滇军防区之间,阻止双方攻击。同日,北京政府来电,免去罗佩金、刘存厚职务,令戴戡暂代四川督军。川、滇军乃撤出成都城区。据统计,此次川滇成都巷战,百姓伤亡在三千以上,烧毁房屋七百八十户,遭抢劫的超过一千户。川滇成都巷战刚结束,川黔成都巷战又起。

1917年7月1日,张勋扶持溥仪复辟清室帝制,以伪谕任命刘存厚为"四川巡抚",刘未表态。戴戡即以刘存厚态度暧昧为名,决定讨伐叛逆,对刘用兵。7月5日晚,川黔成都巷战爆发,黔军向刘部发动进攻。刘存厚为争取主动,乃发出讨伐张勋、拥护共和的电报,使戴戡的"讨伐叛逆"失去目标。然而战争仍然继续,因为双方都在为争权夺利而斗争。

这次成都巷战是第一次成都巷战的翻版,双方都指责对方负挑起战端的责任。而唐继尧为重新恢复滇军对四川的控制,准备"亲督三军,誓除叛逆"[1],并指挥滇军重返成都。然而黔军不是川军的对手,难以坚持战斗。在省议会和英法日领事的调停下,戴戡交出督军等印信给省议会,即退出城,向华阳、仁寿方向撤退。7月21日,戴戡所部黔军行至仁寿县秦皇寺附近时,遭遇刘存厚部腰击,黔军旅

---

[1] 《唐继尧》,1925年震亚书局发行,第79页。

长熊其勋为川军所俘，后被斩首，黔军溃逃。戴戡亦同时遇难（或说是自杀）。这次成都巷战，以黔军失败告终。仅据红十字医院收容统计，兵士战死者364人，伤者661人；市民死者110人，伤者310人。

稍后，川滇两军又在川南发生了"青眉攻防战""资内争夺战"两次战争，皆以滇军失败而告终。然而，滇军顾品珍部与黔军王文华部配合，出其不意，分路奇袭重庆，局势又发生新的变化。川军不得不从川南撤退，滇军这才在川南站住了脚根。

1917年川滇黔两次成都巷战，是各方争权夺利的较为典型的军阀混战。这两次战争，对于各方面来说都无正义性可言。而且战争过程中，都不择手段，焚烧抢劫，无所不为，给人民群众带来巨大的灾难。战争的结果，是使西南地区不得安宁。两次成都巷战表明，唐继尧的政治生涯开始走下坡路，并且逐渐演化为滇系军阀的头面人物。从此，西南地区也陷入了军阀混战的局面之中。

5．驻川滇军再度失利，顾品珍率部回滇倒唐

护国战争结束以后，皖系军阀头目段祺瑞为国务总理，大权在握，专横暴虐。孙中山大失所望，决定发起以反对段祺瑞军事独裁，反对假共和、维护真共和为主要内容的护法运动。1917年9月，孙中山在广州成立护法军政府，就任军政府大元帅，非常国会同时推举唐继尧、陆荣廷为元帅，从而揭开了护法运动的序幕。但滇系唐继尧、桂系陆荣廷，表面上宣称支持护法，实际上另搞一套，两人都拒绝就任元帅职，而且桂系打出"自主"、滇系打出"靖国"的旗号。

1917年7月初，张勋复辟之际，唐继尧即组织"靖国军"6个军，发动"靖军之役"，借此图川，扩大在川的战争。1918年5月，桂系主使，滇系呼应，取消广州护法军政府大元帅一长制，改为总裁合议制。孙中山虽名列七总裁之一，却没有实权。孙中山气愤之余，于5月4日发表了《辞大元帅职通电》，指出

"顾我国之大弊，莫大于武人之争雄，南与北为一丘之貉，虽号称护法之省，亦莫肯俯首于法律及民意之下"。唐继尧气急败坏，竟在孙中山电文上批道："一片胡说"，"无耻之极"①。孙中山领导的第一次护法运动，在滇、桂系的破坏下，以毫无结果而告终。

然而，唐继尧却利用护法、靖国之名，把滇军势力进一步向四川及邻省扩张，并联合黔军及部分川军先后占领重庆、泸州和成都等地，并俨然以川、滇、黔、鄂、豫、陕、湘、闽八省靖国联军总司令自命。

1920年初，驻川滇军有顾品珍（第一军）、赵又新（第二军）两军。唐继尧命两军联合黔军王文华向川军熊克武部发起进攻，这就爆发了新一轮川滇战争。战争初期，滇黔军占了上风，终于把熊克武赶出了成都及其附近地区，转往川北。战斗相当激烈，此役滇军伤亡达5000人之多。然而，熊克武并不甘心。是年冬，他以驱逐客军相号召，联络川军各部，分别向成都、重庆和川南地区进攻。滇军缺乏准备，被赶出成都。川军乘胜直追，驻川滇军第二军军长赵又新被打死于泸州城外的学士山。这样滇军全线溃退，直退到贵州毕节。驻川滇军全部被逐出四川。

驻川滇军第一军军长顾品珍原来就不满滇军被唐继尧强驱卷入内战，这时又得到熊克武的鼓动和资助，遂收集残军，以"士兵厌战"为名，班师回滇。唐继尧见势不妙，乃派秘书长周钟岳前往毕节，以慰劳为名，观察动静，询问情况，刺探情报。顾品珍回答说，滇军在川原有两军，计有3万人，现在剩下1万人，枪械只有7000多支，辎重行李则荡然无存。顾品珍反问周钟岳，唐继尧为何出兵四川，现在又如何收拾。周钟岳回昆后，向唐继尧汇报，表示顾的言行"殊属可疑"。唐为了稳定顾，任命他为云南东防督办，驻昭通，也就是不让他回昆明。

---

① 中国第二历史档案馆等编：《护法运动》，档案出版社1993年版，第509页。

顾品珍则表面上宣誓就职东防督办,暗地里又率兵进攻昆明,驱逐唐继尧。驻省城附近的叶荃第八军与顾品珍配合,宣布倒戈反唐,并袭击昆明。

唐继尧企图依托邓泰中、杨蓁两旅反击顾品珍,但邓、杨二人却要唐"让贤"。唐继尧的幻想破灭,由于内部分裂,军心动摇,众叛亲离,而不得不通电辞职,于1921年2月8日天未明时率亲信卫队百余人离开昆明,乘滇越铁路火车向南逃去,最后流落香港。次日,顾品珍进入昆明,以滇军总司令名义控制云南。恰巧2月7日是旧历除夕,2月8日是旧历新年。唐继尧是2月8日凌晨(习惯认为是2月7日深夜)离开昆明,顾品珍随即进入昆明,因此昆明人曾作春联一副云:"两个洋芋辞旧岁,一棵白菜迎新春。"会泽盛产洋芋(马铃薯),量多个大味美,久享盛名,唐继尧及其堂弟唐继虞是会泽人,故称为"两个洋芋";昆明盛产白菜,亦闻名于世,顾品珍是昆明人,故称"一棵白菜"。

顾品珍进入昆明后,以滇军总司令名义总揽云南军政,统治云南;曾发布告一纸,中心议题是休兵养民,并响应孙中山的号召,组织滇军北伐讨贼军,拟出师北伐。此外,在剿匪、廉政方面也作了一些努力,但未收到明显效果。加之顾品珍统治云南仅一年,也难以有大的作为,这给唐继尧二次回滇有了空子可钻。

6. 唐继尧二次回滇,进攻广西受挫

当唐继尧流落香港之际,两广政局又发生了新的变化。孙中山于1920年11月重返广州,宣布将重组军政府,继续完成护法事业。唐继尧流落香港时,孙中山希望争取他,而唐亦希望借助孙中山重振自己的力量。为此,唐应孙中山的邀请,来到广州,表示愿与孙中山协调护法事业。可是,1921年4月,孙中山重组广州护法军政府,就任中华民国非常大总统时,唐竟又心怀不满,认为孙中山实

行"独裁",再拆孙中山台,不辞而别,返回香港。① 孙中山希望任命唐继尧为滇粤桂联军总司令,继续北伐,亦遭唐继尧拒绝。

唐继尧以高价收买驻粤滇军,要他们不参与孙中山的北伐,而是开往柳州,与在柳州的唐继尧亲信李友勋、龙云等部汇合集中,回滇夺权。孙中山乃于1922年2月22日发布"阻止令",谴责唐继尧抗命回滇,破坏北伐,要滇、黔、桂各省严行制止。唐继尧却不予理会。

唐继尧在柳州集中4000人,编为四个军,分别以李友勋、田钟谷、胡若愚、杨益谦为军长,分兵向云南进攻,直指昆明。同时,唐继尧收买滇南大土匪吴学显,从云南省内配合,向顾品珍部发起进攻。在回滇途中,第一军军长李友勋被打死,第一军前锋龙云被任命为第一军代军长。

顾品珍所部兵力优于唐继尧部,而且以逸待劳,所以战争初期,唐部处于劣势。但是,顾品珍轻敌,把总司令指挥部设于既无天然屏障,又无实力护卫的路南(今石林)天生关鹅毛寨,加上内部矛盾丛生,指挥不灵,招致不幸。大土匪吴学显所部黄诚伯部从后面攻击天生关鹅毛寨时,像进入无人之区,突然出现在顾品珍总司令部前。顾部措手不及,顾品珍及参谋长同时遇难,司令部失去指挥能力。唐继尧乃率部轻取昆明,于1922年3月重返云南,掌握大权,并下令通缉代总司令金汉鼎、省会警察厅长朱德等人。朱德遂离开云南,逃亡四川,转赴欧洲。朱德后来回忆说,这样"借着唐继尧的毒手,将封建关系替我斩断"②。

唐继尧二次回滇,虽然气势汹汹,但毕竟时过境迁,威风已大逊于当年,而且道路也越走越窄,但他仍然不觉悟,一意蛮干。开始时他鼓吹"废督裁兵"、"联省自治",然而没有多久,枪声、炮声又重新响起来。1922年底,他又组织

---

① 《唐继尧》,1925年震亚图书局发行,第100页。

② 《朱德自传》,转引自中共中央文献研究室编《朱德传》,人民出版社、中央文献出版社1993年版,第48页。

滇黔联军，自任总司令，向贵州扩张。1922年3月滇军占领贵阳，再次控制贵州，以唐继虞为贵州军事善后督办。刘显世虽又恢复了省长名义，却成了滇军的陪衬。

1923年初，孙中山第三次建立广州政权，就任海陆军大元帅府大元帅。1924年1月，国民党召开"一大"，实行联俄、联共，扶持农工的政策，准备继续出师北伐。同年9月，广州政府推举唐继尧为副元帅，令其主持川滇黔三省北伐军事行动，可是再遭唐继尧拒绝。唐继尧此时在昆明召集川、滇、黔、粤、桂、湘、鄂各省军事代表会议，组织"建国军"，自任"七省联军"总司令，宣布编制"建国联军"15个军，其中云南直辖6个军，又特编云南警卫4个军，共10个军；其余6省的建国军，皆在名义上属总司令唐继尧指挥。唐继尧似乎又恢复了"霸业"。

1925年1月，已背叛孙中山的粤军陈炯明部分三路进攻广州。唐继尧以为时机已到，与粤军陈炯明、桂军刘震寰部相勾结，决定出兵两广，推翻广州政府。唐以"建国军"为旗号，派出号称10万（其实只有5万余人，但也不算少了）的大军，入桂图粤，分两路向柳州和南宁进军。

战斗尚在进行中，1925年3月12日孙中山在北京病逝。消息传到昆明，早先拒绝副元帅职务的唐继尧却于3月19日发出通电，声明已于3月18日在云南就任副元帅职。唐继尧企图以副元帅递补孙中山的元帅职务。广州政府立即谴责唐继尧的行径，并通电讨伐唐继尧。

滇军入桂，遭到了桂军白崇禧、黄绍竑等部的反击。经过几个月的战斗，入桂滇军以完全失败而告终，损兵折将达一半之多。1925年滇桂战争中滇军的惨败，是唐继尧走向没落的一个重要转折点，从此唐继尧一蹶不振。

7. 发展讲武学校，创建东陆大学

著名学者陈荣昌在唐继尧逝世时，有一副挽联："护国有奇勋，治滇无善政。"这副挽联影响很大。这是从大的方面对唐继尧的总体评价。对"治滇无善政"一语，历来有所争论。这里要说的是，唐继尧统治云南14年，"善政"虽不多，但在发展云南陆军讲武学校（讲武堂）和创建东陆大学两个方面，仍然是值得一提的。

首先说发展云南陆军讲武学校。云南陆军讲武学校原名云南陆军讲武堂，创办于1909年。辛亥前的第一、二、三期无疑是讲武堂的黄金时代。辛亥以后，讲武堂改名为讲武学校，继承了讲武堂的优良传统，继续有所发展。而这个发展，大部分是在唐继尧统治时期，并且得到唐继尧的支持。

1915～1916年从云南开始的护国反袁战争取得了重大胜利，不仅扩大了云南的影响，也提高了唐继尧的声望。云南不仅为国内所瞩目，也为海外华侨和邻国青年所关注。这样，唐继尧决定扩宽讲武学校招生范围，既吸收海外华侨青年，也吸收邻国青年。唐继尧派福建人陈觉民、广东人符赞坊、张杜鹃、曾维南、叶守誉等为代表，赴印度支那、马来西亚、荷属东印度（印度尼西亚）等地，宣慰华侨，并以半公开方式，招收华侨学生来滇就学。仅以1917年招入云南讲武学校的学生为例，这一年入学的讲武学校第12期的学员139人，华侨学生即达80余人，其中就有叶剑英。从12期到19期，侨属青年约500人之多。而且从第12期起，还招收邻国青年，主要是朝鲜和越南青年。从12期到19期，曾有朝鲜籍（包括今天的朝鲜和韩国）学生30余人、越南籍学生70余人入学，其中就包括1948年大韩民国第一任国务总理兼国防部长李范奭。云南讲武学校共22期的近万名学员中，大部分是唐继尧统治云南的14年中毕业的。唐继尧对讲武学校的支持，是其发展的重要条件和因素。

再说创办东陆大学。云南创办大学之议，始于1915年，后因护国军兴，此议遂搁置。1918年滇川黔三省议会复议设立三省联合大学。1919年创办大学之声已普及于社会,"各界人士或请愿议会,或建议政府,亦纷纷以为言"①。然而由于政局动荡,此议未能实施。1920年,刚从美国哥伦比亚大学毕业归来的云南云龙人董泽,向唐继尧建议在云南开设大学,得到唐继尧的允许。后因顾品珍倒唐,又拖了两年。1922年唐继尧回滇后,即委任董泽为大学筹建处处长,在省城昆明筹办,其名曰"东陆大学",这是以唐继尧"东大陆主人"之别号为"大学之校名也"②。并决定为私立,由唐继尧"先行捐资"10万元,其余则"群策群力,是经是营",动员社会各界捐资,③ 并划拨土地、房产,以奠定作为私立学校之基础。唐继尧还以一省之长的名义,下令各县每年拿出100元资助家贫无力求学者。

东陆大学校门

1922年12月8日,东陆大学正式宣告成立,由董泽任校长,唐继尧及财政

---

① 《会泽唐公创办东陆大学记》,云南大学会泽楼内所竖铜碑。
② 董泽:《东陆大学创办纪略》,《东陆瑰宝:董泽纪念文集》,云南大学出版社2006年版,第2页。
③ 唐继尧:《东陆大学缘起》,《东陆瑰宝:董泽纪念文集》,云南大学出版社2006年版,第1页。

厅长王九龄为名誉校长。1923年4月20日举行开学典礼，云南各界及东陆大学全体员生数千人参加了庆典。宣布大学成立祝词为："大哉东陆，为国之珍；群英济美，善觉莘莘。学基始奠，文质彬彬；猗欤休哉，中华主人。"① 在新生开学典礼上，唐继尧致词，强调创办大学是为了培养人才，筹办实业，伸张正义，发展民治，治乱安民。他还将个人部分藏书捐给学校，建立东陆图书馆，聘请著名学者袁嘉谷担任馆长。大学先办预科，后办附中。1923年开始设本科。东陆大学确定培养五类人才，即政治人才、经济人才、教育人才、文学人才、专门实业人才，均为当时开发和建设云南所必需的人才。学科设置和课程，包括政治、经济、教育、文学、矿冶、机械、土木工程、公路建设以及医、农、理化等内容，以后发展为文、理、工、医、农五院建制。

东陆大学提倡"自由研究"之教育，力求促进学生德、智、体全面发展，并力排众议，促成男女同校，倡导民主办校，实行学分制，并开设有实验及实习工厂等。

东陆大学是西南地区创办的第二所近代化的正规大学，对云南以及西南地区教育事业的发展、近代化建设事业都有重大的贡献。1930年学校由私立东陆大学改组为省立东陆大学，1934年改名为省立云南大学，1938年成为国立云南大学。东陆大学是今云南大学的前身。唐继尧倡议创办东陆大学，并带头捐资，这无疑是他一生中的重要建设和功绩之一。

此外，1922年唐继尧还在昆明组建了航空学校，为中国早期航空人才的培养也作出了贡献。

---

① 《东陆大学成立之庆典纪实》，《东陆瑰宝：董泽纪念文集》，云南大学出版社2006年版，第6页。

8. 四镇发动"二六"政变，唐继尧被迫下台

1926年下半年，中国共产党领导的以反帝反封建为旗帜，以反对北洋军阀统治为主要内容的北伐战争开始了。在北伐战争的胜利进程中，北伐军（从广东出发的国民革命军）企图争取具有一定实力的唐继尧倒向北伐军一边，但唐继尧不予理会，相反却加紧了与北洋直系军阀吴佩孚的勾结，在云南高唱"民治""讨赤"的调子，组织"民治党"，张扬"国家主义"旗号，宣称共产主义"危及国本"，只有国家主义才是"救国真铨"。①

1926年11月，中共云南地下组织——特别支部成立，以吴澄为书记。云南地下党面临的任务是配合北伐战争，扫除北伐后方的障碍，打开云南政治的新局面，掀起国民革命的新高潮。为此，就需要推翻唐继尧的统治，以扫除北伐后方的隐患。中共云南特支组织了"云南政治斗争委员会"，专门策划"倒唐"的工作。在发动群众的同时，重点做好唐继尧手下四镇守使的工作。这四位镇守使是：昆明镇守使龙云（原第五军军长）、蒙自镇守使胡若愚（原第二军军长）、昭通镇守使张汝骥（原第十军军长）、大理镇守使李选廷。地下党发动党内外同志，每人每月以各种形式写信，分别向四镇守使投送，历数唐继尧祸滇的罪行，督促他们和云南人民站在一起，走孙中山革命的道路。同时利用各种关系，由共产党员出面，直接或间接地与四镇守使和其他掌权的滇军军人进行联络工作。1927年1月，云南政治斗争委员会为了发动群众，印发了唐继尧祸滇十大罪状。

云南人民反唐斗争高涨，眼看唐继尧的统治即将崩溃之时，龙云、胡若愚、张汝骥、李选廷四镇守使为适应形势起见，向唐继尧联名上书，提出改组省政府、靠拢广州国民政府、还政于民等建议。但是唐继尧认为自己还能控制军队，因而

---

① 《云南组党第一声》，《滇事旬刊》第二期，1926年8月10日。

拒绝了这些要求。

恰巧农历新年（1927年2月2日）来到，可是兵饷长期未发，新年来了也只发半个月伙饷，军中大哗。四镇守使即借此采取行动。2月5日，胡若愚调兵进省城，龙云在省城外的部队也向城内调动，并分电张汝骥、李选廷一致行动，进逼昆明。当晚（发电已是2月6日晨），四镇守使举行"兵谏"，发出通电，提出清发欠饷，惩办贪污，摒除宵小，驱逐唐三（唐继虞）及与广州方面合作等项条件。事变当日，龙云的军队接管了城市，在公共建筑物外面，特别是火车站、各城门及重要街道站岗放哨，逮捕了通电所指的贪污宵小20余人。唐三（唐继虞）则闻风乘滇越铁路火车逃往越南。

事变发生之际，唐继尧召集亲信20余人商量对策，决定集中兵力，首先解决龙云在北校场的部队。唐继尧要求各部队在一个小时内作好一切准备，听候执行命令。然而，会议刚一结束，近卫第一旅旅长孟坤即打电话给唐继尧，表示拒绝执行任务。话尚未说完就将电话挂断，急得唐继尧拍案跺脚。孟坤与龙云早有联络，而唐继尧又以孟坤旅为解决龙云北校场部队的主力，孟坤态度的变化，使唐继尧的反击遂成泡影。当龙云的部队进入昆明近郊安宁，胡若愚的部队到达宜良，张汝骥的部队进入杨林，李选廷的部队到达禄丰时，对昆明的包围已经完成。唐继尧无可奈何，不得已派出枢要处长周钟岳和滇军老将胡瑛，向龙云、胡若愚表示可以接受条件，并拿出私蓄发放军饷，但为时已晚，无济于事。唐继尧见大势已去，乃被迫交出政权、军权，下了台阶。"二六"政变结束了唐继尧对云南14年的统治。

唐继尧下台了，龙、胡、张、李四镇守使及相关人员在昆明东南140余公里的宜良县法明寺举行会议，决定采用合议制，组织省务委员会，而"拥戴"唐继尧为有名无实的省务委员会"总裁"。3月5日，在昆明宣布省务委员会成立，龙、胡、张、李等9人为委员，而以胡若愚先任省务委员会主席。然而，唐继尧并不甘心,企图反扑或逃走,却都未能如愿,遂一病不起,于1927年5月23日呕血不治而去世,年仅44岁。

唐继尧是辛亥后云南第二任都督(后又称督军、省长等),民国滇军第二任统帅。他在统治云南的14年中,一度成为"云南王""西南王",自称"东大陆主人",在辛亥、护国中有过重要功绩,而在省内建设上也有一定业绩。但是命运不济,恰逢这时的中国处于军阀割据和混战之中,唐继尧被卷进了混战的漩涡,沉浮摇摆,终于不可自拔,结束了自己悲剧的人生。

四、抗战中的堡垒

——龙云时期的云南

1. 擂台比武，打败法国拳师

龙云（1884—1962），原名登云，字志舟，彝族，彝名纳吉乌梯，云南昭通人。龙云的父亲龙清泉，彝名纳吉瓦蒂，原是四川凉山金阳县黑彝奴隶主成员，在频繁的冤家械斗中已经没落，后来到云南昭通炎山安家。少年时代的龙云虽然读过几年私塾，但他除了田间劳动、放牛、放羊外，很喜欢武艺一类的游戏，耍刀弄枪，酷爱武术。龙云青少年时代曾得到武术名师的指教，练就了一身好武功。他流浪于金沙江两岸时，因为武功出众，已引人瞩目。

龙 云

1911年初，龙云、卢汉等人流浪到四川南部。这时，云南永善人魏焕章在川南一带组织保路同志军，队伍有1000余人，魏自任统领，准备向成都进攻。龙云、卢汉听说魏是云南人，又人多势众，乃往投奔。不久，辛亥武昌起义爆发，云南响应，成立了以蔡锷为首的云南军都督府。其时，四川、贵州等地还处在动荡之中。依据有关方面的邀请，云南军都督府乃组织援川军一个师，以云南军都督府军务总长韩建铎为师长（又称滇军援川军总司令），下辖两个梯团（旅），分别以谢汝翼、李鸿祥为第一、二梯团长，向叙府（宜宾）、泸州前进。谢汝翼在叙府时获悉，有云南青年在此组织反清武装，派人

与之联络,于是魏焕章、龙云、卢汉遂加入谢汝翼滇军。龙云加入滇军,成为他后来飞黄腾达的起点。

1912年5月,滇军结束了自己的援川使命,回到昆明。谢汝翼遂推荐龙云、卢汉进入云南陆军讲武堂第四期,龙学骑兵科,卢学步兵科。在讲武堂学习虽然只有两年,但在龙云一生中却是一个重要时刻,这是他所进的唯一一所正规的军事学校。没有讲武堂的这段经历,龙云不大可能成为有较高军事文化素养的人,也不大可能取得后来的地位和成绩。

这时发生了一件意外的法国拳师"擂台比武"事件。那是1914年的秋天,龙云在讲武堂毕业前夕,一位法国大力士来到昆明,他在晋谒云南都督唐继尧时,要求在云南讲武堂摆擂三天,并且立下誓言:在三天之内,如果没有人打败他,他就在昆明传授武功,开馆传教;如果谁打败他一次,他就没有脸再留在昆明,立刻离去。唐继尧不便拒绝,只得在滇军内部和讲武堂内悬赏,谁打败法国拳师,将有重赏。

法国拳师在讲武堂的跑马场指挥台上,围起了圈子,扯起了旗子,写满了大力士"豪言壮语"的红红绿绿的纸条在随风飘舞。摆擂的第一天,昆明老百姓像赶庙会一样,陆续前往讲武堂围观喝彩。但是第一天上台的云南武术师和武术爱好者们,都败下阵来。第二天擂台摆出,却没有人上台。到第三天,也就是摆擂的最后一天,直到下午仍然没有人上台。法国拳师正要收拾东西下台、结束摆擂时,一个小伙子以出人意外的轻捷动作,跳上了擂台。拳师傲慢地直起腰来,仔细打量起这个小伙子。

小伙子身材只有一米六多一点的高度,比起法国拳师来整整矮了一个头。伸出手臂,比起法国拳师的胳膊也短了一大截。至于腿短,那就更不用说了。但他的脸色油亮黝黑,双目有神,身上毫无打扮,脱下了外面的军装,穿在身上的只是白色衬衣和草绿色的长裤,脚上穿的是一双普通的草鞋。法国拳师端详了小伙子后，心里发笑：你也敢来这里胡闹？

裁判的哨音响了，比赛开始。法国拳师高傲地昂起头，把拳伸出，直抵小伙子的胸口；小伙子伸出拳头，却无论如何也绕不过法国拳师的手臂。交了几个回合，小伙子无法发动进攻，因此改变策略，直接向法国拳师的手臂捶去。法国拳师顿感有如铁棒敲打，手臂发软，近乎麻木。于是大呼不平，硬说小伙子身上有暗器。比赛暂停，小伙子为表示清白，当即脱光衣服，只穿背心短裤，请求再战。比赛重新开始，小伙子稍加交手，即用腿一扫，想不到小伙子脚上的草鞋绳索被甩开，草鞋腾空飞起，从法国拳师的头部上方掠过。法国拳师大吃一惊，以为是飞刀袭击，正欲躲避，小伙子另一脚又踢来，拳师站立不稳；小伙子全身运气，用八卦拳"猫洗脸"招式，虚晃一下，就势"双擒双抛"，来了个"和尚撞钟"，低着头，连人带拳，一齐向法国拳师的腹部撞了过去，拳师一下子被撞翻在地，大约过了两三分钟才爬起来。"哗"的一阵掌声，淹没了整个讲武堂的跑马场。

法国拳师第二天卷起行李，离开了昆明。而打败法国拳师的小伙子是谁？后来人们才知道，他就是龙云，当时叫"龙登云"，是讲武堂骑兵科的学员。龙云为云南人民争了光，也为自己的经历增了彩。

2. 跃升警卫军大队长，再成独立部队指挥官

1914年龙云从讲武堂毕业后，分回昭通，在以刘发良为营长的昭通独立营任少尉排长，旋升中尉。1915年底，反袁护国战争爆发后，龙云调到昆明，任唐继尧副官处中尉副官。由于龙云武功甚好，对唐继尧相当忠诚，保卫唐继尧几乎到了形影不离的程度，深得信任。到1917年，龙云已由唐继尧近卫军中队长、补充第一大队大队附，升任佽飞军（警卫军）大队附、佽飞军大队长。

什么叫"佽飞军"？佽飞本是春秋时期一位勇士的名字。到了汉代，佽飞变成了官名，是少府属下武官左弋，取勇士名为武官名，表示武官的英勇果敢。佽

飞军，这支主要护卫唐继尧安全的警卫军，犹如其御林军。这支御林军比较特殊，成立之初仅60人，成员必须身高6英尺以上，武器装备、生活待遇优于别的军队，配马枪，穿洋人军礼服，却又是红边高帽，帽上有"冲天缨"，长筒皮靴，还带有一支方天画戟，既壮观，又奇特，是中西合璧式的打扮。60人的佽飞军，不久就扩充为8个中队。一个中队相当于一个连，8个中队相当于两个营或一个团了。大队长即相当于团长，但比一般团长更有权有势。任命龙云为佽飞军大队长，表明唐对龙的器重。

1918年9月，唐继尧以商讨北伐为名，在重庆召开四川、云南、贵州、湖北、河南五省联军会议，就任"五省靖国联军总司令"。9月17日，唐继尧由贵州毕节来到重庆。这一天，重庆全城戒严，所有码头的渡船均勒令停靠对岸海棠溪。自太平门到学院街衙门行营，沿途断绝交通，每一铺户站一武装哨兵，沿街商铺及楼上窗户一律勒令关闭。唐继尧抵达海棠溪，鸣炮21响。唐乘坐借来的美军摩托艇渡江，经太平门入城。

入城仪式异常隆重，佽飞军首次在省外亮相。队伍前列为护卫骑兵，接着就是佽飞军了。佽飞军的勇士们个个头戴钢盔，身穿清一色的漂亮军服，背挎十响枪，手持方天画戟，俨然是帝王巡视的仪仗一般。在佽飞军护卫下，掌旗官出场，乘高头骏马，手掌杏黄滚金丝穗帅旗，上绣斗大一个"唐"字。后面是唐继尧乘坐的八抬绿呢大轿，轿内放着绣龙黄褥靠垫，轿后跟着的是唐的坐骑黄骠马，马背上放着紫金鞍。殿后的就是佽飞军大队长龙云率领的护卫大队。龙云似乎比唐继尧更神气。佽飞军在省外的亮相，给人以深刻的印象。作为大队长的龙云，也给人留下不可一世的印象。

1920年发生了川滇战争，滇军先胜后败，驻川第二军军长赵又新战死，驻川第一军军长顾品珍率部返滇倒唐。1921年2月8日晨，唐继尧率少数亲信离开昆明，流落香港。次日，顾品珍进入昆明，以滇军总司令名义统治云南。

事变前夕，侁飞军由于排场摆得过大，引起非议。唐继尧乃暂时撤销侁飞军，把侁飞军大队长龙云任命为滇军第11团团长，侁飞军大队即改组为滇军第11团。唐继尧派11团进驻滇南，与云南第二卫戍区司令兼蒙自道尹李友勋相互配合，驻守南防。不久，顾品珍倒唐事变发生，唐继尧出走，经过滇南，得到龙云的热情接待和尽力保护，表达了对唐的一片忠心。本来唐继尧有将龙云带在身边的考虑，但又感到带太多人去香港不太方便，云南亦需留下自己的人，以便将来有所动作，因此唐继尧离开蒙自时，要龙云与李友勋同时驻蒙自地区，作为唐继尧将来返回云南的立脚点。

这样，龙云就从唐继尧身边的侍从长官变成了独立指挥一支部队的军事指挥官了。龙云成为独立的军事指挥长官，更有机会显示自己的军事指挥才能，并为以后的独立发展打下了很好的基础。

然而不久，驻蒙自的李友勋、龙云等深感缺乏后台，在云南发展深受限制，也担心顾品珍对他们不利，遂于1921年秋，借响应孙中山护法为名，进兵广西。唐继尧即委龙云为李友勋旅的前敌司令，进入广西后又委龙云为柳州警备司令。龙云、李友勋在柳州地区积极发展势力，不到半年就扩展到数千人。龙云在柳州碰上了好运气，在警备司令部驻扎的一家公馆里，由于一个偶然的机会，他在地窖里发现了二十五万元毫洋。在他们经济十分困难的时候，从天下而降的这块馅饼帮了他们一个大忙，为唐继尧、龙云打回云南提供了经济支撑。

3．随唐继尧二次回滇，龙云爬上了权力的峰巅

1921年秋，孙中山取得了讨桂战争的胜利，统一了两广，决定以两广为根据地，继续北伐。12月，在桂林组织北伐大本营。然而，孙中山的北伐计划受到两方面的阻力：一方面是粤系总司令陈炯明与北方军阀勾结，反对孙中山北伐；另一方面是唐继尧从后方拆台，利用士兵在外征战多年、思乡心切的心理状况，鼓

动他们拒绝北伐，而要打回老家去。唐继尧在陈炯明的支持下来到柳州，准备率师回滇。孙中山于1922年2月23日发布"制止令"。唐继尧执迷不悟，将所部编为四军，以李友勋、田钟谷、胡若愚、杨益谦分任一、二、三、四军军长，以龙云为第一军前敌司令，直指昆明。途中，李友勋遇难，龙云被任命为第一军代军长。

1922年3月，唐继尧实现了"二次回滇"，论功行赏，特别垂青于龙云，遂正式委任龙云为第五军军长兼滇中镇守使，驻昆明。这样，龙云投入滇军仅10年间，由于唐继尧的不断提拔，已爬上了滇军权力的巅峰。龙云部因驻扎省城昆明，他事实上掌握了滇军的实力，成为仅次于唐继尧的滇军二号人物。不过，这时龙云虽权力大增，仍唯唐继尧马首是瞻，唐对龙仍然是放心的。

1925年2月，唐继尧以"建国联军总司令"名义，派出号称10万的大军，分两路入桂，并入侵广东。第一路以唐继虞为总指挥，率军号称5万人马（实为2.5万），从北部进攻柳州。第二路以龙云为总司令，率军亦号称5万人马（实为3万人），从南路进攻南宁。

龙云所部气势汹汹地向南宁进逼，南宁守兵只有桂军伍挺飏所部2000余人，不敢应战，只有向宾阳后撤。龙云所部不战而占领南宁，意气风发，以为广西指日可下，遂节节推进，前锋已抵宾阳附近的八塘、思陇一带。这时，桂军俞作柏与伍挺飏已取得联系，范石生部约五六千人已由梧州乘船西上，集中贵县，黄绍竑带领1000余人也到达贵县。黄、范商议，先集中力量，围歼龙部前锋，再进攻南宁。于是，两军进攻龙部前锋，龙部退守高田险要。俞作柏率2000余人绕攻古漏，直捣昆仑关。龙部怕后路被截断，遂仓皇退却，退守南宁。

而北路唐继虞所部骄傲懈怠，被桂军击溃，只有五六千人退回云南。进攻柳州的北路唐军溃败，南路龙云亦受影响，加上龙军士兵又染时疫，病死达千人以上，军心涣散，不得已撤出南宁，退回云南。1925年滇军入桂，惨败而归，不过龙云的部队相对保存完整，这使龙云在后来滇军内部的角逐中占有优势地位。

1925年滇桂战争中滇军的失败，是唐继尧走向没落的一个重要转折点。唐继尧担心已经集中权力在手的龙云、胡若愚等人尾大不掉，决定撤销各军番号，加强亲信近卫部队，由其堂弟唐继虞直接指挥。龙云重新委任为昆明镇守使。龙云的地位仍然重要，但军长职务、军事指挥权没有了，这不能不在他的心坎上投下阴影，成为他参与推翻唐继尧统治的"二六"政变的重要潜在因素。

1926年下半年，从广州出发的北伐战争迅速推进，唐继尧仍执迷不悟，反与北洋直系吴佩孚等勾结，成为北伐后方的一大障碍。为了稳定后方，顺利推进北伐战争的进程，国共两党都认为必须推翻唐继尧在云南的统治。由于国共两党的争取，1927年2月6日爆发了由昆明镇守使龙云、蒙自镇守使胡若愚、昭通镇守使张汝骥、大理镇守使李选廷联手发动的"二六"政变，唐继尧被迫下台，旋即去世。云南的政局出现了新的变化。

4．龙胡张三军混战，龙氏终于统一云南

1927年"二六"政变后，虽然成立了省务委员会，表面上维持了政局，但是龙云、胡若愚之间为了争夺权利，矛盾日益尖锐。其时，四镇守使名义上都拥有一个"军"的队伍，实际上龙云、胡若愚各有两个旅，辖四个团，另有警卫一营；张汝骥亦号称两旅，兵力只有三个团；李选廷则只有一个团的兵力。唐继尧原有近卫军四个旅，计八个团，分别为龙、胡并编。这样，龙、胡二军旗鼓相当；张汝骥力量稍弱，又未并编唐部，心中不快；李选廷自知力弱，力不从心，甘愿退让。这样，龙、胡相争，张汝骥与胡联合，形成龙与胡、张三军对垒的局面。

"四一二"政变后，蒋介石建立了南京政权，龙、胡、张都派人向蒋介石政权疏通关系。当时，蒋介石表面上似乎没有偏袒任何一方。1927年6月13日深夜、14日凌晨，胡若愚派出一队人马，突然包围了龙云在昆明翠湖边的私人住

宅。龙云尚在梦中，突被惊醒，仓皇组织反抗，但已无济于事，龙云住宅周围大约250人的卫队，被解除了武装。原唐继尧的亲信、现已投靠胡若愚的王洁修指挥炮兵，向龙云住宅开炮，连续发射了两颗炮弹。一颗炮弹落在龙云住宅的客厅，但未爆炸；一颗落在龙云住宅的花园中，炸开了花，弹片四飞，溅向周围的墙头和房屋。一个弹片打在一扇玻璃窗上，玻璃片又溅向四方，龙云的一只眼睛被玻璃片打伤，视线为血流所模糊。这样，龙云难以逃走，被迫束手就擒，当了阶下囚。6月14日，胡若愚以省务委员会主席的名义，发出通电，指责龙云为政治改革作梗，所以解除其职务、武装。胡若愚以为大事已定，对龙云所部掉以轻心，遂酿成大祸。

驻北校场的龙云所部在团长高荫槐的率领下向富民方向撤退，胡若愚未派兵追击。卢汉、孟坤也先后逃出昆明，朱旭也率部向西转移。这样，"六一四"政变后，龙云虽被囚，但龙部实力并未有明显损失，而且在滇西重新聚集。因为龙部实力尚存，胡若愚等不敢杀害龙云，但又怕龙云越狱逃走，所以为他特制了一个大铁笼，内置藤椅一张，把龙云囚在铁笼里，放置在五华山上。龙云在这个铁笼里关了一个多月，全身都长满了虱子，甚至眉毛内都长了虱子；加上受伤眼睛未得到及时治疗，最后这只眼睛完全失明，痛苦不堪。龙云掌权后，对其家属常常提起这件事说："你们以为我这个省主席是容易得来的？关在铁笼子里一个多月的日子好过？"他经常为这段苦难而伤心、流泪。

滑稽的是，也就在6月14日这一天，蒋介石却发布命令，任命龙云为第38军军长，胡若愚为第39军军长，张汝骥为独立第8师师长。蒋介石的任命，加剧了滇军各派势力的争夺。

龙云所属各部到达滇西后，请滇军老将胡瑛代38军军长，下辖四个师，分别由孟坤、卢汉、朱旭、张凤春任师长，挥军东进。胡若愚等亦挥军西迎，两军在祥云清华洞、禄丰等地激战。龙部不断取得胜利，遂向昆明进攻。胡若愚迫于形势,于7月24日离开昆明。7月25日,胡瑛率部进入昆明,以38军代军长名义兼省主席职务,暂时维持秩序。

胡若愚挟持龙云到昆明东郊大板桥后,恐38军追击,乃与龙云协商,达成一个君子协定——"板桥协议",其要点是龙云回昆主政,胡部自愿北伐。这样,龙云得以获释,于8月13日返回昆明,宣布就任38军军长及省主席职务。从此,龙云统治云南达18年之久。

但是斗争并未结束,龙、胡、张三军又先后在曲靖、昆明近郊,直至贵州、四川边境地区混战了两年多。直到1929年冬,龙部在四川盐源、盐边一带追击胡部,胡部不支,遂往九所土司地方撤退,但前有打冲河挡路,后有龙部追兵,进退失据,走投无路。张汝骥被俘(后押至大理执行枪决),胡若愚只身过溜索,侥幸逃脱,前往上海。

三军三年混战,最终以龙云胜利、统一云南而告结束。南京政府随即发表云南省政府组织令,以龙云为省主席,省政府委员计13人,其中军人占8人。龙云的地位巩固了。

龙云统治云南后,开始追随蒋介石,实行清共,并于1930年底破坏了中共云南地下省委;同时宣布建设"新云南",在整编军队、整理财政、强化经济建设、改革教育与民政,以及平定匪患等方面,都取得了明显成效,使云南成为这一时期中国经济发展较好、人民生活较为安定的省区之一,也成为后来龙云能与蒋介石抗衡的重要条件。

5.红军长征过云南,龙云献图有奥妙

1934年10月到1936年10月,中国工农红军进行了闻名于世的二万五千里长征,红军的两大主力——中央红军和红二、六军团先后两次路过云南。龙云奉蒋介石之命令,调集滇军,"追剿"红军。然而蒋介石有蒋介石的鬼胎,龙云有

龙云的算盘，两人明合暗斗，结果龙云对红军的基本策略是让滇军多追少堵，尽快让红军走出云南，这就在事实上帮了北上红军的忙。在这个过程中，出现了一个至今尚未完全解开的谜团：龙云为何向红军"献图"？有人认为，龙云献图纯属意外，有人则认为是龙云有意而为。笔者更倾向于后一种意见。

1935年初，中央红军三、五军团和中央机关等部，正经滇中向皎平渡方向疾进。这支红军沿着滇黔公路行至曲靖三岔附近时，得到一个意外的收获。那是4月27日，曲靖地区风和日暖，万里晴空。红军沿着公路前进，突然昆明方向来了三架侦察机，盘旋一阵又飞走了。一会儿，从昆明方向开来了两辆汽车，红军开了枪，截住了这两辆汽车。一个军官模样的人从车上跳了下来，质问："你们是哪部分的？我们有紧急任务，别开玩笑了！"红军战士回答："谁和你开玩笑，你当俘虏了，缴枪不杀！"经过审讯得知，这个军官是国民党"追剿"总司令薛岳的副官，是薛岳派往龙云处索要军用地图的。龙云除了送来十万分之一和五万分之一的云南军用地图外，还送来了云南特产宣威火腿、普洱茶、云南白药等物资，这些东西全成了红军的战利品。红军战士说，三国时刘备入川，有张松献图，这次红军入滇，又有龙云献图，真是无巧不成书了。

龙云的得力部将，后来投奔延安的张冲曾回忆说，龙云曾告诉他，1935年红军在曲靖截获的地图、云南白药等物资，是因为其通过关系预先告诉他们的。那么，龙云通过什么渠道呢？据调查，他是通过曾任滇黔绥靖公署查缉大队长的张永年派人去曲靖与红军取得联系，通报送图的消息的。

著名作家、曾任卢汉秘书的马子华回忆说，龙云曾告诉他，红军指挥官罗炳辉曾派人给龙云送去一信，主要说明红军过云南，要龙云放心，红军不会留在云南，希望龙云让红军经过一些地方渡过江去，不要紧追。信最后表示"后会有期"。龙云表示会"照办"。事后，龙云给滇军前敌总指挥孙渡写了一封密信，嘱咐他尽量不要与红军正面交锋，尾追就行了，不必堵截。密信中说，他准备了一卡车药品，要孙渡相机送给红军。

当年送图的汽车押运员赵汝成则回忆了运送地图物资的详细过程。他说，他们的车到达曲靖附近时被红军堵截下来，薛岳部的李副官被押走了，而他们几位汽车工人受到了红军的优待，每人发5元大洋作为旅费，让他们回家了。赵汝成回昆后不久，曾在昆明街头碰见李副官。李副官说，他是红军优待俘虏释放的。①

事情并未结束。最近《中华读书报》发表连续3版的长文，题目是《被隐没的中共高级特工卢志英事迹考略》，引人注目。该文强调，卢志英是"受毛泽东主席的一次特殊委托，徐向前元帅所谈的'我们的人'"。卢志英（1905—1948），山东昌邑县（今潍坊地区）人，1925年加入中国共产党，在中共中央特科与钱壮飞属同类型干部，在南京秘密开展国民党高层统战工作，发展介绍了国民党中央委员王昆仑加入中共。后在江西德安、贵州毕节国民党军政机关中任高级职务，成为薛岳的副官，并多次前往昆明，在龙云的府上"茗茶谈心"。这个中共的高级特工卢志英，就是1935年为龙云献图时负责运送物资的薛岳手下的李副官。该文说，龙云献图的一切奥妙，"一切线索指向一个人，卢志英"。押运地图的薛岳的李副官，会是他吗？很有可能。作者未能作出正面回答，因为尚需更多的史料来加以证实。然后，作者的倾向是明白的。作者在"蹊跷的李副官"的小标题下指出：严谨的学者谢本书教授对这一问题扎实可靠的考证，其思路与我们的思路相"吻合"。② 龙云献图的奥妙和谜底，最终的揭示还有待时日，但为时不久了。

红军长征过云南，使龙云得到深刻的教育。他在当年与《申报》记者、中共

---

① 以上资料，参见拙著《龙云传》，云南人民出版社2011年版，第107~110页。每条都注有出处。

② 王清波：《被隐没的中共高级特工卢志英事迹考略》（纪念中国共产党成立90周年特稿），《中华读书报》，2011年7月13日第5~7版。

地下党员陈赓雅的交谈中,曾直言不讳地说:"红军两次过云南,认真执行三大纪律八项注意,硬是秋毫无犯。红军勒着肚皮横冲直撞十几省,莫说在中国,就在世界上哪有这样强的军队啊!"① 可以认为,红军长征过云南的重要影响之一,是龙云政治态度转变的重要开端。而且,就在1935年底,在红军长征过云南过程中,恢复了1930年后一度中断的中共云南地下党组织。此后,中共云南地下党组织活动一直较为正常,因为受到以龙云为首的地方实力派的暗中保护,再也没有遭受过明显的破坏。

6. 出师抗战滇健儿,世界奇迹滇缅路

1937年7月7日抗日战争全面爆发以后,中共中央号召全国各族人民和军队团结起来,进行全民抗战。蒋介石也发表谈话宣布对日作战,并决定召开"国防会议",要求各省军政官及有关方面人士参加,商议出兵抗日大计。

说来也滑稽,龙云当了一省之长已十年之久,却很少到当时的首都南京。这一次国防会议是不能不去了,他乘坐欧亚航空公司包机先后在成都、西安停留。在西安时,恰巧中共代表周恩来、朱德、叶剑英在此等候飞机,龙云欢迎他们同机前往南京。在飞机上和在南京会议期间,中共代表特别是朱德曾与龙云作长时间的谈话,对他宣传了中共抗日民族统一战线的政策,并确定了以后的联系方式。关于这次见面与交谈,龙云曾说,他对中共的抗日决心深表钦佩,非常感动,真是"与君一席谈,胜读十年书"②。这表明龙云受到了较深的影响。

龙云在国防会议上表示了抗战的决心,决定先派一个军出滇抗战,以后再派军出滇,要尽地方人力财力,贡献国家,以救危亡。龙云回滇后,拨款新滇币1

---

① 陈赓雅:《周恩来指点龙云出虎口》,《人民政协报》,1986年8月12日。

② 龙云:《抗战前后我的回忆》,《文史资料选辑》第17辑。

万元，仅用28天，即组成一个军，以卢汉为军长，番号为陆军第60军。60军组成后约4万人，即开往南京，但尚未到达，南京已沦陷，遂于武汉一带待命。

抗战时期龙云在昆明阅兵

1938年4月，滇军60军奉命开往徐州，参加台儿庄战役的第二阶段，坚守禹王山20多天，打退日寇多次进攻，取得了重大胜利，也打出了滇军的威风。然而，60军投入战斗3.5万余人，伤亡达1.8万余人，超过一半。由于形势变化，60军随后奉命转移。稍后，滇军又组建第58军、新3军投入战斗，在武汉、常德等地又打出了威风。而以唐淮源为军长的老三军在中条山战役中，也显示了不屈的民族精神。唐淮源军长在此役中为国捐躯，这是云南籍军人在抗战中牺牲的最高级别的军官（军长、上将）。在整个抗日战争时期，滇军出动约40万人，伤亡达10万之多，占出征人数的四分之一。抗战时期，滇军乃国之劲旅，出现了众多的抗日名将和抗日烈士，却没有出现过投降将军和伪军。

在抗日战争时期，以龙云为首的云南地方政府和滇军，保卫家乡，建设后方，支援前线，也作出了重大贡献。其中修建抗日生命线滇缅公路是一个较突出的典型代表。

抗日战争全面爆发后，日本帝国主义宣布封锁中国沿海。由于海运受阻，新辟对外通道就成为当务之急。在 8 月召开的国防会议上，龙云与蒋介石已谈及修筑滇缅公路的事项。龙云回滇后，即着手安排修筑滇缅公路事宜，确定由昆明、下关、保山、龙陵，经畹町出界，接缅甸腊戍。全线需改建昆明至下关原筑成的滇缅公路东段 411.6 公里，新建由下关至畹町的西段 547.8 公里，使之内联贵昆公路，外接缅甸腊戍—曼德勒—仰光铁路。畹町至木姐路段须修 18 公里，与滇缅公路连接，云南派人与缅甸联系，由英缅当局负责修筑。

由下关至畹町西段工程艰巨，要翻越横断山系纵谷区的云岭、怒山、高黎贡山等山脉；跨越漾濞江、胜备江、澜沧江、怒江等大江河，高山大川接连不断。从 1937 年 12 月起，云南省政府征调民工，每天上阵达 15~20 万人，没有筑路机械，几乎全靠双手挖山开路，肩挑人扛，条件非常艰苦，但民工们仍饱含高昂的爱国热情，差不多都是自带粮食和工具上阵的。经过 8 个月的苦战，到 1938 年 8 月底，滇缅公路中国段全程 959.4 公里全线通车。在整个施工过程中，民工死亡达二三千人，伤近万人。

滇缅公路"二十四道拐"

滇缅公路在短时间内完成通车，是公路建筑史上的奇迹。美国驻华公使詹森在考察这条公路后说,此路系民间用普通工具筑成,并无开山凿土碎石等机械辅助,惊为世界之奇迹,可与巴拿马运河相媲美。

滇缅公路成了中国抗战大后方的"命脉"要道,被称为"抗战输血管"。它既是一条军事运输线,也是一条商业贸易要道。这条道路的打通粉碎了日本帝国主义的封锁,加强了中国抗日力量,也把中国人民的抗日战争与世界反法西斯战争进一步联系起来。

1942年5月以后,日本从缅甸入侵我云南西部,这条公路线被迫切断。于是又开辟了从昆明飞往印度阿萨姆邦、穿越喜马拉雅山麓的中印驼峰航线,成了一条新的对外交通线路。

此外,抗日战争时期,昆明民主运动蓬勃开展,逐渐成为大后方的民主堡垒。

这一切,使云南成为支撑和坚持抗战的重要堡垒,为最终夺取抗日战争的胜利作出了不可磨灭的贡献。

7. 支持滇西抗战,胜利声响云南

1941年底,日本帝国主义发动了太平洋战争。到1942年,日本已先后占领了菲律宾、关岛、威克岛、香港、马来西亚、新加坡、缅甸以及印度支那等地。5月2日,日军从缅甸进入我边境城镇畹町,4日进占龙陵,当晚进至怒江惠通桥西岸。5月5日上午,我守桥工兵将惠通桥炸断,阻止日军深入怒江以东。5月10日腾冲沦陷。延至1943年初,日寇势力已经控制滇西8万多平方公里土地。日本进入滇西兵力有1.5~2万人。于是,云南由抗日战争的大后方变成了抗日战争的大前方。

日寇入侵滇西地区,激起了云南爱国军民的无比愤怒。以龙云为首的云南省政府紧急动员,军民纷纷请缨西进,要坚决打退日寇的猖狂气焰。龙云还以省政府名义号召全省人民和各级地方政府支持滇西抗战,支持中央军在滇西的抗日军

事行动,组织民众自卫部队开展游击战,"随时向驻军长官请示机宜"。军民"务须同心协力,一致合作"。① 滇军元老李根源以云贵监察使身份,赴滇西宣传抗战,发表《告滇西父老书》,号召滇西各族人民协力同心,"驱除日寇,恢复故土"②。又令边疆各土司,勿忘国耻,协同作战,调动了土司抗日武装的积极性。

腾冲沦陷时,著名腾冲爱国士绅张问德毅然以抗敌为己任,出任腾冲抗日县长,领导各族人民进行艰苦的抗日斗争,被誉为"人杰楷模,不愧富有正气的读书人"。

1944年,世界反法西斯战争取得了重要进展。滇西反攻战开始时,投入滇西反攻战的正规部队有宋希濂第十一集团军和霍揆彰第二十集团军约16万人,而云南省政府却动员组织了约30万民工支援大军,运送弹药、粮食,抢救伤员等。也就是说,每一位正规军官兵后面,都约有两名民工在支撑,这是云南人民支援滇西反攻战的重要行动。

5月4日,中国军队分路大举强渡怒江。初期渡江有4万人,一举成功。但渡江以后的战斗却相当激烈,许多堡垒、山头、村寨数易其手,其中尤以松山、腾冲战役打得最为艰苦。松山为高黎贡山正脉,雄峙怒江西岸,是滇缅公路惠通桥至龙陵的必经之道上重要的制高点,有"直布罗陀"之称。我军从1944年6月4日,向松山发起进攻,经过3个多月的苦战,几十次冲锋,才于9月7日全歼松山守敌。守敌2000多人几乎全歼,而我军伤亡达7000多人。松山争夺战是滇西抗战中最艰苦的战役,也是争取滇西抗战胜利的关键。腾冲为滇西重镇。经历51天的围攻和苦战,腾冲战役才于9月14日结束。此役经过大小40余战,歼敌1万余人,我军亦阵亡8000多人,受伤近万人,可见战斗之激烈。松山战

---

① 《云南档案史料》,1989年第4期,第19~22页。

② 李根源:《告滇西父老书》,《新编曲石文录》,云南人民出版社1988年版,第332页。

役、腾冲战役，都是中日战争史上所罕见。

接着，我军于11月3日收复龙陵，11月20日收复芒市，1945年1月20日收复畹町。这样，经过半年多的反攻奋战，滇西沦陷区终于全部收复。1月27日中国远征军与中国驻印军在缅甸芒友会师，标志着滇西反攻战的完全胜利。

滇西反攻战从1944年5月11日到1945年1月27日，历经8个月零16天。据统计，在滇西缅北反攻战中，日军伤亡和被俘21057人，而中国军队则阵亡26697人，伤35541人，失踪4056人，共66294人。

滇西抗战的胜利，在抗日战争史上具有特殊意义。日寇入侵滇西，正是世界反法西斯战争和中国人民抗日战争最艰苦的年代，也是日寇最嚣张的时期。滇西战场坚持两年有余，未使日寇阴谋得逞，实属不易。在中国抗日战争大反攻前夕，滇西军民主要依靠自己的努力，在盟军配合下，艰苦奋斗，付出了重大代价，收复了被日寇占领的怒江以西的全部国土，打通了西南对外交通，影响深远，意义重大。所以人们称这是抗日战争胜利的"先声"，最后胜利的日子快要来到了。我国收复失地，以云南为最早，

1943年，蒋介石赴埃及出席开罗会议前路过昆明与龙云会晤时留影

它既为中国人民反击日寇、夺取胜利树立了榜样，也直接促成缅北反攻的胜利，对全国抗战和世界反法西斯战争都是巨大的支援。

8．此路走不通，去找毛泽东

在抗日战争中，龙云支持民主运动，并于1944年底秘密加入了民盟。对此，蒋介石十分头痛，决心在适当时候解决龙云问题。抗日战争胜利后，蒋介石为发动内战，也需要处理后顾之忧。因此，抗战胜利后仅一个多月，蒋介石即指使其心腹、昆明防守司令杜聿明于1945年10月3日在昆明发动突然事变，派兵占领了昆明各要害地区和部门，并包围了龙云在昆明绥远街的公馆（住宅）。龙云从大门门缝里得到一份文件，才得知云南省政府改组，免去其本兼各职，调任军事委员会参议院院长，云南省政府主席由卢汉继任，在卢汉返滇前（其时卢汉在越南受降），以民政厅长李宗黄代理省主席职务。

事发突然，龙云没有思想准备，只得从后门逃往省政府所在地五华山，与他的二儿子、暂编第24师师长龙绳祖，以及部将张冲等人会合，商量对策。又发电到越南，要卢汉率滇军回援（由于卢汉亦受到监视，未能回援，龙云未予谅解，造成龙卢之间的矛盾）。但最终也没有更好的办法。在大军围困的形势下，龙云只得在行政院长宋子文的陪同下，于10月6日离开云南，飞往重庆，结束了对云南18年的统治。

10月3日是龙云切齿难忘的日子。他曾说，我与蒋介石只是政治主张不完全相同，哪晓得"这个龟儿子用卑鄙无耻、小偷式的流氓手段对付我"。这是中国抗战胜利后的第一枪。① 从此龙云对蒋介石产生了幻灭之感。

龙云到达重庆后，虽然受到蒋介石的接见，然而却失去了人身自由，形同软

---

① 刘宗岳：《我所知道的龙云》，《云南文史资料选辑》第17辑，第51页。

禁。他常常表示："此路走不通，去找毛泽东！"他暗中与民主党派、民主人士，甚至中共人士接触，希望脱离魔窟。又与当时的飞虎民航公司总经理、美国人陈纳德密商，希望能得到帮助，以逃出南京（国民政府回迁南京后，龙云亦被送到南京软禁）。在陈纳德派专机的帮助下，龙云经上海、广州，于1948年12月9日逃往香港，结束了三年的软禁生活。

龙云到达香港后，秘密加入了民革，并于1949年8月13日，与黄绍竑、贺耀祖等44人发表了《我们对于现阶段中国革命的认识与主张》的声明，表示即与蒋介石及其集团决裂，坚决地靠拢人民，为建设新中国而努力。蒋介石十分恼怒，派人暗杀龙云，却未能得逞。

1949年10月1日新中国成立，12月9日卢汉宣布云南起义，龙云兴高采烈。为了准备参加新中国的建设事业，龙云主动戒除了几十年来形成的鸦片烟瘾。1950年1月3日，龙云离开香港北上，经广州、武汉，于1月18日到达北京，受到热烈的欢迎。龙云先后担任了中央人民政府委员、人民军事委员会委员、西南军政（行政）委员会副主席，第一届全国人大常委，国防委员会副主席，第二、三届全国政协常委，民革中央委员、常委、副主席等职，为新中国的建设事业作出了贡献。不幸的是，他在1957年被错划为"右派"。

1962年6月27日，龙云在北京病逝，享年78岁。龙云逝世之时，中共中央统战部立即宣布摘掉他的"右派"帽子。7月2日，周恩来总理在吊唁龙云时，对陪同人员讲了龙云爱国的一生，"四个有功"，即"抗战有功，反蒋有功，民主运动有功，回归祖国有功"[①]。这几句话，使在场的人非常感动。1984年11月19日，龙云诞辰一百周年时，民革中央在北京人民大会堂举行了纪念性座谈会。

---

① 据龙云儿子龙绳德及夫人全如珣的回忆，当时他们都在场，直接听到了周恩来总理的讲话。2011年10月，两人在昆明与作者交谈记录。

中共中央政治局委员、中央书记处书记习仲勋在会上讲话说,龙云的一生"是一个光荣的爱国者的一生"①。龙云"爱国者的一生"的评价,可以盖棺论定了。

龙云是民国时期云南的第三任一省之长(顾品珍、周钟岳等人的短暂任期可以不计),民国滇军的第三任统帅。在他统治云南的18年里,开始继承唐继尧的衣钵,追随蒋介石,后来有了很大的转变,使云南成为抗战时期的坚强堡垒,昆明也成了大后方的民主堡垒,最后与蒋介石集团决裂,回归人民阵营。他是以悲剧开始,却是以喜剧结束。

---

① 《人民日报》,1984年11月20日。

五、曲折中新生
——卢汉时期的云南

1. 跟随龙云,在战乱中成长

卢汉(1895—1974),原名邦汉,彝族,云南昭通人。卢氏原属四川凉山的黑彝奴隶主阶层,不过早在卢汉之前几代就已迁往云南昭通炎山,与龙云的炎山之家仅一山之隔。龙、卢两人是表亲,龙云为表哥,卢汉为表弟。卢汉比龙云小11岁,自幼即跟随龙云在金沙江两岸活动。1911年跟随龙云去四川,并投入滇军谢汝翼部。滇军辛亥援川回到云南,谢汝翼推荐龙云、卢汉进入云南陆军讲武堂(后改为云南陆军讲武学校)第四期学习,卢汉在步兵科。这是卢汉进过的唯一的正规军事学校,这时的卢汉年仅17岁。如果没有讲武堂两年的学习和训练,就不可能有卢汉后来的业绩。1914年讲武堂毕业后,卢汉分配到滇军中任少尉见习排长。

护国战争期间,卢汉随军入川,担任成都兵工厂保厂营中尉排长,后升连长、副营长。1920年回滇,任唐继尧"联帅"府少校副官。1921年唐继尧流落香港时,卢汉到蒙自任龙云所部营长,从此长期在龙云所属部队,成为龙云的直接下属和亲信。唐继尧"二次回滇",重掌云南大权,论功行赏,委任龙云为第五军军长兼滇中镇守使,卢汉则担任近卫第三团团长。1925年卢汉升任旅长。这一

年，滇军派出号称10万大军，分两路入侵广西，却遭到惨败而归。从此，唐继尧完全走上了下坡路。1926年下半年，北伐战争开始后，唐继尧仍执迷不悟，甚至与北洋直系吴佩孚等相勾结。为了扫除北伐后方的障碍，在新成立的中共地下组织的推动下，龙云、胡若愚、张汝骥、李选廷四镇守使于1927年2月6日发动了"二六"政变。事变当日，龙云指挥卢汉及其军队接管了城市，在主要公共建筑外面，特别是火车站、各城门及重要街道，站岗放哨，逮捕唐氏宵小。唐继尧被迫下台，旋即去世。

"二六"政变后又发生了龙云、胡若愚、张汝骥之间的三年三军混战。在1927年6月14日的"六一四"政变中，龙云被胡若愚等囚禁，而龙云所部实力却未受明显损失。卢汉住所被包围时，他冷静地从石墙爬出，躲进朋友家中，两天后化装逃出昆明，到达滇西，先后与龙部的孟坤、刘正富、朱旭、高荫槐等部会合，推举滇军老将胡瑛暂代第38军军长，卢汉为前敌总指挥兼第二师师长，率部反攻昆明。胡若愚部不支，乃挟持龙云退往昆明东郊大板桥，并与龙云达成"板桥协议"：龙云回昆主政，胡若愚则离开云南北伐。于是，龙云被释放，回到昆明，于8月13日宣布就任第38军军长兼云南省务委员会主席，开始了他对云南18年的统治。龙云遂任命卢汉为第98师师长。在随后的龙、胡、张近三年的混战中，卢汉始终支持龙云，多次为龙云立下战功。到1929年底，龙云打败胡、张所部，终于统一云南。

三军三年混战最终以龙云胜利而结束，卢汉则为龙云立了大功。龙云在云南的地位确立了，卢汉作为龙云的可靠助手，随着龙云地位的上升而上升，在战乱中成长，成为龙云时代云南事实上的第二把手。

2．以枪杆子为后盾，精心整理财政

云南财政在历史上基本上是入不敷出的，有时支出竟超过收入的一倍以上。

民国初年,在蔡锷主持滇政时期,财政状况一度好转。但在20世纪20年代以后,由于云南多次用兵,战乱频繁,支出骤增,以致通货膨胀,货币贬值。到1927年"二六"政变时,唐继尧已滥发不兑现的富滇老票5000万余元,币值跌落到每10元滇币抵国币1元。1927年的省财政收入为旧滇币570多万元,支出竟达1800多万元,积欠富滇银行款项约三四千万元。1927年后又是三年内战,情况继续恶化。

这样,龙云统治云南后,面对如此财政状况,不寒而栗,只好成立云南省财政金融委员会,决定从整理财政金融入手。1928年,龙云先后派其亲信陆崇仁、朱景暄担任财政厅长,但因税收机关为军人把持,贪污盗窃,挪移积压,致使政府收入甚微,省库空虚,债主临门。而富滇银行因财政借款过多,不愿再借。两位厅长都一筹莫展,辞职了事。

朱景暄不甘失败,向98师师长卢汉建议说,云南税收既用以调剂军人,征收机关大半掌握在军人手中,长此下去,财政无办法,军饷无办法,政府势必垮台。为了维持政府不垮,你必须兼任财政厅长,以你的声威,以枪杆子为后盾,才能把征收权收回来,军政各费才有办法。卢汉以军人不懂财政为由,不愿兼任。朱景暄多次游说,称自己不要名义,愿实际上在内部代卢汉办事,只要卢汉负责厅长的名义就行了。卢汉经再三考虑,觉得此事既关系到自身掌握军队的存亡,又关系到已经取得的"天下"的安危,遂同意兼任财政厅长,以枪杆子为后盾,大刀阔斧地整理财政。

1929年底,卢汉以师长兼任财政厅长。卢汉到任后,从革新财政厅内部机构入手,把财政厅原有的秘书、科长、主任大部分更换,成立"设计委员会",邀请教育界、政界一些知名人士为委员,作为咨询机构,收、支、存、稽(稽核)截然划分权责,标榜为四权分立;为了刷新财政,强令陆军测量局划出一部分房屋,大加修理,大门漆成醒目的红色,竖立一块金字招牌,上书"云南财政厅"

五个大字，于是气象为之一新。

卢汉针对云南征收权为军人把持的状况，决定收回征收权，将烟酒、厘金等税一律招商投标承办，即所谓"财政商业化"，这是一个很大胆的措施。卢汉上台的第一炮是接收云南烟酒事务局。事务局设局长一人，派98师副师长袁昌荣兼任；会办二人，派99师副师长李崧和高级军官马子良兼任；坐办一人，派军需局高级职员孔繁耀兼任。1930年初，财政厅通知烟酒事务局限期交代。烟酒事务局原负责人都是很有来头的，不想交出大权，但碍于卢汉以枪杆子作后盾，无可奈何，几经犹豫，最后仍不得已按期交出大权。这样，财政厅顺利接收了烟酒事务局，从而打响了卢汉上台的第一枪。

接着，卢汉以财政厅名义，通电全省征收机关，烟酒、厘金等税改为招商投标包办，应一律交给中标人承办，如敢故违，即以军法从事。命令一出，许多人慑于卢汉的威势，敢怒而不敢言地移交了，没有人敢于公开违抗。所谓招商投标，即把全省征收机关委给商人办理，由商人投标，标额最高的即为中标，对中标者限期交保证金，迟则取消中标资格。卢汉执行这一办法比较严厉。卢汉的妻弟龙天如中了一个标，迟迟不缴保证金，卢汉亲笔下了条子，立即取消其承办资格，其他的人就更不在话下了。因此，数月之内税款大增，不独发清积欠，收入还有剩余，财政渐趋稳定。为此，卢汉提议为公务人员加薪一倍半的议案，如科长原薪为80元，加薪一倍半共200元；主任科员原薪为60元，加薪一倍半共150元。依此类推。省务会议对于此案很快正式通过，并从1930年7月起正式实行。各级公务人员皆大欢喜，卢汉的威望也提高了。

与此同时，在龙云主持下，召集全省财政、金融会议，搜集各方建议，成立审查委员会。审查结果，认为以前金融混乱的主要原因乃在财政收入不足，全恃银行发行纸币以资挹注，因而财政影响金融。又因纸币低落，财用愈感不足，复由金融影响财政，而蒙受其害。为此确定整理方案，确定了纸币与银币的比例，充实银行准备金,维持发行费用,使之不再影响财政,为此制订办法10条,从1929年11月起实行,到1930年7月大体就绪。经过这次改革,云南财政状况大为改观。

1930年夏,卢汉带兵入广西,势难再兼财政厅长,加上财政状况已大体理顺,故辞去财政厅长职。卢汉在龙云时期兼任财政厅长虽仅半年,然而对云南财政的整顿和改革,取得了明显的成就,这就有利于云南以后的发展,也支撑了龙云的统治力量,打下了龙云与中央政府抗衡的基础。

3.率领60军出师,大战台儿庄逞威

1930年夏,蒋桂冯阎中原大战期间,桂系李宗仁集中兵力出兵湖南,进攻武汉,广西内部兵力空虚。蒋介石命令龙云乘机出兵广西,答应在攻下南宁之后,委派卢汉为广西省政府主席。龙云乃任命卢汉为讨逆军第十路军前敌总指挥,统率3个师15个团约2万人出兵广西。这是民国史上的第二次滇桂战争,但最终以滇军失败而告终,卢汉的广西省主席未能遂愿。此后,云南着力于"新云南"的内部建设,使云南实力增强,并有了新的发展。

1937年"七七"事变后,抗日战争全面爆发。龙云表示要尽地方所有之人力、财力贡献国家,在参加国防会议回滇后,立即组建了一个军,被命名为第60军,以卢汉为军长,下设182、183、184三个师,分别以安恩溥、高荫槐、张冲为师长。这个军是一个特种军,全军约4万人,武器装备亦较为先进、精良。

1937年10月5日,60军在昆明巫家坝举行誓师大会,各族群众献旗欢送,群情激动,高呼:"卢军长打!三师长杀!杀!杀!誓灭倭寇,保卫祖国!"10月8日起,部队分别由昆明、曲靖两地出发,徒步取道贵阳,经40余日行军,于11月下旬到达长沙。然后乘火车向东前进,拟保卫首都南京,然而部队尚未到达,南京即已沦陷。卢汉乃率部返回武昌一带整训。

60军到达武汉时,蒋介石命令这支军容整齐、士气旺盛的军队绕闹市一周,以示我国尚有如此训练有素的军队可投入战斗,以安定民心。① 而杜聿明亦曾说过:"我曾在湘潭附近遇到龙云的部队,觉得'中央军'同这支'云南军'比起来,军容上似有逊色。"② 卢汉还特邀请作曲家冼星海、任光及女诗人安娥等,谱写了一首军歌《六十军军歌》,歌词是:

> 我们来自云南起义伟大的地方,
> 走过了崇山峻岭,
> 开到了抗敌战场。
> 兄弟们用血肉争取民族的解放,
> 发扬我们护国、靖国的荣光!
> 不能任敌人横行在我们的国土,
> 不能任敌机在我们的领空翱翔。
> 云南是六十军的故乡,
> 六十军是保卫中华的武装!
> 云南是六十军的故乡,
> 六十军是保卫中华的武装!

这首军歌壮烈响亮,大大地鼓舞了云南军队的士气。

1938年4月台儿庄战役进入第二阶段,日寇约30万人,重新向徐州、台儿庄地区合围,企图挽救第一阶段的失利。我军亦集中了约60万人于徐州附近,准

---

① 卢汉:《陆军第六十军参加徐州会战概况》,《云南文史丛刊》,1985年第2期,第8页。

② 杜聿明:《蒋介石解决龙云的经过》,《文史资料选辑》第5辑,第32页。

备反击日寇的进攻。卢汉所率60军也就在这时奉命调往徐州前线。4月22日，60军到达徐州前线，尚未接防，日军即乘虚而入，以步兵两个联队四五千人向未及接防的缺口处猛攻，与60军183师遭遇于陈瓦房、邢家楼、五圣堂一线。183师先头部队尹国华营乍遇强敌，与敌展开肉搏，坚持三昼夜之久，全营除1人外，500余人全部壮烈牺牲。由于尹营的坚持战斗，匆忙上阵的60军才得以从容展开。4月26日，60军战线另行调整，将主力184师转移到禹王山战线。禹王山是台儿庄地区的制高点，是座肘形的石山头，也是唯一可以凭据固守的战略要地，大运河距禹王山只有400米左右。因此，全军以确保禹王山为重点，以阻止敌军渡过运河为目的，配合友军进行战斗。60军在禹王山的战斗，是抗战初期台儿庄第二阶段大捷的关键一仗。

滇军奔赴抗日前线

60军各部以禹王山为中心的战斗，粉碎了敌人多次进攻，坚持了20多天的阵地战，阻止了敌人渡过运河威胁徐州的企图，取得了重大胜利。在这20多天里，60军缴获战利品如机枪、步枪、战刀、旗帜、文件、照片、手表、金佛等甚多。日本报纸也不得不承认:"自'九一八'与华军开战以来,遇到滇军猛烈冲锋,实为罕见。"① 在这一战役中,60军投入战斗人数为35123人,伤亡达18844人,营连排长亦伤亡过半,旅团长亦有牺牲。后因战局变化,60军奉命从徐州突围,又取得了突围的胜利。

60军在台儿庄打出了名,卢汉、张冲等也因此成为抗日名将。台儿庄战役之后,60军人员仅能编为一个师(184师),其余两个师回云南组建。接着,云南又编成第58军和新3军,以孙渡、张冲分任军长,继续投入战斗。后滇军改编为第三十军团,卢汉为军团司令,下辖60军、58军和新3军三个军。1938年8月21日,朱德给龙云一封信,热情肯定了滇军的功绩,并指出:"在争取抗战最后搏斗中,云南将肩负更大责任,成为抗战的一个重要根据地。"② 他对云南抱有很大希望。

4. 拒敌于国门之外,鲜为人知的滇南防御战

1938年12月,第三十军团再次扩编为第一集团军,初以龙云为总司令,旋又以卢汉为总司令。进入1940年,战争形势急剧恶化。同年9月,法国维希政府在希特勒德国的压力下,同意让日本占领越南东京(包括越南在内的印度支那地区原为法国殖民地),此事是在日本与轴心国缔结军事同盟条约的同时发生的。日本政府与法国当局签订了军事协定,法国当局同意日军进入越南红河以北地区,并将河内、海防、金兰湾让给日本。于是日本军队立即占领了海防、河内等地,并把侵略军推进到滇越边境地区。这样,滇越边防形势相当吃紧,日军随时有可能利用滇越铁路、滇越通道进攻云南,从中国的西南地区包抄中国。于是,滇南

---

① 高蕴华:《六十军鲁南抗日简述》,《云南文史资料选辑》第2辑,第210页。
② 《朱德年谱》(新编本),中央文献出版社2006年版,第825页。

抗战从此揭开了序幕。

而这时云南军队的主力已调往中国东部和中部的抗日前线，省内军队力量薄弱，防务空虚。为此，云南不断请求蒋介石中央，紧急调回在江西前线的滇军第一集团军，特别是该集团军的第60军和新3军，以防日寇向滇南发动进攻。龙云指示卢汉面见蒋介石，呈述滇南防务之紧迫性，要求率部回滇。蒋介石对滇南防务心中无数，要卢汉就军事安排与陆军部长何应钦商议，就经费安排与财政部长孔祥熙商议。

6月20日，在日本干预下，滇越铁路停运了，实际上滇越铁路已被日军截断，预示着日寇从越南进攻云南的态势已经形成。龙云乃急电何应钦，日军从越南而来，滇省首当其冲，威胁严重，防务倍显重要，再度要求将第一集团军紧急调回云南。并指出，如不调回第一集团军主力，而以其他零星部队凑数，恐难以担负滇南抗战重任。9月5日，龙云万分焦急，乃"特急"电发给蒋介石、何应钦说，日本入侵越南，进攻滇边，已不可扭转，要求将第一集团军全部调回。这时，蒋介石似乎才感到滇南防务确实紧张，乃命第一战区司令长官薛岳先抽调一个军回云南（其时第一集团军归薛岳指挥）。

经过云南与中央反复多次协商，最后蒋介石批准第一集团军第60军之第182、184两师回滇，调回之部队由60军军长安恩溥率领。滇军部分回滇后，即组建为滇南作战军总司令部，以卢汉为总司令，后仍沿用第一集团军总部名义，并组建第一集团军总部于昆明；而留在江西前线的滇军，则仍归在江西的第一集团军副总部指挥，由高荫槐任副总司令，继由孙渡任副总司令。1945年初，第一集团军改组为第一方面军，原第一集团军副总部改为总部，仍以孙渡为总司令。

云南为预防日军由越南经滇越铁路进犯滇南，遂于1940年9月10日派工兵炸毁了滇越铁路滇越边境之河口大桥及一号钻碉，使铁路瘫痪；随后又拆除了河口至蒙自碧色寨的铁轨177公里，使日寇丧失进犯滇南的便利条件。

1941年，第一集团军总部由昆明移往滇南蒙自，总部下设第一、二两路两个总指挥部，以60军军长安恩溥为第一路军总指挥，后由卢浚泉继任。而第二路军总指挥，在此危急时刻，蒋介石不得不起用被他革职的抗日名将、原新3军军长张冲担任。10月28日，蒋介石向龙云、卢汉发电指示，日寇可能有一个旅团以上之兵力进袭滇南，要防不测，并随时报告。卢汉在详细调查后报告说，由于形势变化，近日内日军将河内、海防部队调集于西贡，约15万人，飞机600架，有南进之意，但云南、广西边境地区仍不可麻痹、松懈。① 为此，又设立滇越边区总司令部，仍以卢汉为总司令，指挥第一、二两路军、第60军及关麟征的第九集团军的三个军。这就是说，滇越边区总司令部权力增大了，部队增多了，重要性提高了，立足于不让日寇跨越滇南一步。

日寇在越南驻军多时达10万之众，但由于滇南作战军严密布防，又发动群众，联合沿边土司武装，结成抗日的铜墙铁壁，最后拒敌于国门之外，使日寇在滇南未能跨越一步。延至1942年4月、5月间，日军大举进犯缅甸，入侵滇西，可是直到抗日战争胜利结束，日军始终未能跨越滇越边境一步，这是云南抗战史上的一个奇迹。拒敌于国门之外的滇南抗战，过去被忽略了，应当重新加以研究，以展现云南抗日战争史完整的英雄风貌，这也是卢汉抗日事迹中的又一亮点。

5．到越南接受日军投降，为国争光

抗战末期，日军在越南仍不断骚扰，卢汉奉命反击，并率部进入越南境内，仅在1945年6月17日至8月15日的两个月内，经过大小32次战斗，毙敌300余人，我方亦伤亡100余人。8月15日日本宣布投降后，越北之敌仍作困兽之

---

① 以上电文皆见云南省档案馆编《滇军抗战密电集》，1995年内部刊印，第385~404页。

斗，直到8月下旬才分别向中国军队接洽投降。

日本投降后，根据盟军统帅部的决定，台湾及北纬16度以北法属印度支那境内所有日军，应向中国投降。据此，蒋介石命令卢汉为司令官的第一方面军全部入越，而以卢汉为入越受降官。近代以来，中国多次遭到列强侵略，抗日战争是近代以来中国人民反抗外国侵略取得完全胜利的战争，以战胜国资格接受日本侵略者的投降，这无疑是我国历史上光荣的一页。从8月20日起，入越受降的中国军队陆续开拔。卢汉电越南北部日军指挥官、第38军团长土桥勇逸，派洽降代表来云南蒙自联系。8月31日，日军派参谋长酒久干城等由河内直飞开远，转往蒙自，呈递各种表册，接洽投降事宜。卢汉派总部副参谋长尹继勋率领部分人员飞河内，设前进指挥部。国民政府中央外交、军政、财政、经济、交通、粮食等六部各派代表一人组成顾问团，协助卢汉工作。先后开入越南的中国军队共5个军、4个独立师，约20万人。各部分别由滇越、滇桂边境入越，于9月21日以前到达北纬16度以北的顺化、河内、海防地区集结。这些部队名义上都归卢汉指挥，而实际上卢汉只能指挥滇军二军二师，计8个师。至于"中央军"，则负

卢汉与滇南美军总司令嘉礼格将军在河内受降

有监视卢汉及滇军的任务。

卢汉于9月20日率总部人员直飞河内。9月28日在河内总部（原法国驻越南总督署）举行了受降仪式。礼堂四周悬挂中、美、英、苏四国国旗，正中悬挂孙中山像。受降官卢汉坐于礼堂中央，第一方面军参谋长马锳及尹继勋陪坐两侧，外向左为盟军代表，右为高级将领，后为来宾。我方顾问团、驻越侨民机关首长、滇南美军司令嘉礼格、法国远东军司令亚历山大、越南越盟党政官员以及各国记者等约500人临场观礼。日军第38军团长土桥勇逸、第21师团长三国直福、独立第34旅团长服部尚志三人被引入礼堂，向我方受降官鞠躬致敬。土桥等北面站立，卢汉宣读了《中国战区中国陆军第一方面军司令部第一号训令》，自即日起，越南北纬16度以北地区的日军"完全受本司令官节制指挥"，"办理投降"事宜。读毕，土桥在"受领证"上签字，表示完全"遵照执行"。卢汉随即发布《中国陆军第一方面军布告》，声明中国军队入越任务，"是为越南之友人及解放者"；宣布保护越南人民及各国正当侨民之合法权益。① 自这一日起，接收工作在卢汉司令部主持下全面开展。经查实，日军在越南多时达10万人，此时造册登记人数，除押解广州的战犯189名外，尚有29802人。在河内、海防、土伦分区设立3个集中营，成立战俘管理处，约束战俘，管理生活，实施教育等。经审查，除100余名划为战犯的人员押解广州审讯外，其余官兵到1946年4月分别乘美军提供的9艘运俘船，全部遣送回国。滇军入越受降遂顺利结束，他们为祖国争了光，也为云南人民争了一口气。

然而，当卢汉率领几乎全部滇军入越受降之际，蒋介石却指使杜聿明在昆明发动军事政变，免去龙云本兼各职，调任军事委员会军事参议院院长，任命卢汉为云南省政府主席，卢汉未到任前，由民政厅长李宗黄代理。而实际上，此时的

---

① 凌其翰：《在河内接受日本投降内幕》，世界知识出版社1984年版，第132页。

卢汉在河内受到监视,又受到中央军的包围,动弹不得,只得镇静以处,见机行事。其在越南的滇军,则全部调往东北打内战去了。

6. 回到云南任主席,重振滇军求发展

1945年11月,卢汉奉命到重庆参加蒋介石召开的"复员整军会议",蒋介石意图要把滇军调往东北参加内战。卢汉感到为难,为了争取主动,乃向蒋介石"辞去本兼各职",以试探蒋的态度。蒋原意有免去卢汉省主席职务,但看到李宗黄代主席期间已引起云南人民的强烈不满,只好挽留卢汉。卢汉无可奈何,又受到控制,只得同意滇军调往东北,本人回云南,此时卢汉已成了光杆司令。

12月1日,李宗黄与云南警备司令关麟征在昆明制造了"一二·一"惨案,屠杀学生,镇压民主运动。就在这一天,卢汉接任了云南省政府主席职。卢汉就任后,除一再申明"民意就是我的施政方针,民意机关就是我的指导者"外,讲得最多的是维持治安,"在定安中求进步"。他要保境安民,力求社会安定,使人民安居乐业。① 这当然是有所指的。

卢汉接手省政时,是个光杆司令,滇军主力已全部调往东北。为此,他刻苦经营,尽力恢复地方实力派的实力。他首先争取对调东北的滇军60军、93军的指挥权和人事权,迫使蒋介石同意孙渡代替他指挥滇军,由他调整滇军的人事安排。他还要求蒋介石撤销由中央直接指挥的昆明警备司令部,虽然未能取得蒋的同意,但却被允许成立云南保安司令部,卢汉兼任保安司令,取得了对省内地方部队的控制权。卢汉即以入越受降的原第一方面军司令部,改组成云南省保安司令部,并以此为基础不断扩充,建立和重振了新型的以保安团队为牌号的滇军。到1949年起义前夕,已扩充到17个保安团,以此为基础重组93军,增建74

---

① 《云南民国日报》,1945年12月18日。

军，两个军共5万余人，成为卢汉在起义中的基本武装力量。1949年6月，蒋介石被迫同意撤销云南警备司令部，成立云南绥靖公署。卢汉以绥靖公署主任兼云南省政府主席，正式总揽了全省军政大权，重新完全控制了新型滇军。

早在1946年春，入越滇军分两路开赴东北参加内战。5月31日，第60军第184师师长潘朔瑞在海城起义，首开国民党军队东北起义的创举，对东北战场影响很大。这以后，蒋介石同意恢复184师番号，并两次派卢汉到东北慰问滇军，卢汉在东北的讲话则是不着边际，模棱两可的。1948年10月17日，第60军军长曾泽生率部两万余，在长春宣布起义，第93军则被消灭于锦州，兵团司令卢浚泉等被俘。派到东北的滇军两个军就这样结束了，这对卢汉不能不产生深刻的影响。然而此时的卢汉矛盾重重，反反复复，犹豫不决。

1948年7月，昆明学生响应全国民主运动，掀起"反饥饿、反内战、反迫害"运动，卢汉参与镇压，逮捕了数百人（后释放），制造了"七一五"惨案。1949年2月12日，昆明市民听闻部分金圆券是伪票，纷纷前往在昆明南屏街的中央银行昆明分行挤兑，该行竟拒兑，引起骚乱。卢汉被煽动性的汇报所激怒，驱车前往现场，亲自审问，草率地当场枪毙21人，造成轰动一时的"南屏街大血案"。新华社于2月22日在陕北发出评论《警告杀人犯》，宣布卢汉为战犯，警告卢汉放下屠刀，悬崖勒马。这给卢汉敲了警钟，使他不得不进行认真的思考，何去何从？

7．宣布云南起义，走向光明新生

云南从1947年起，在中共云南地方组织领导下，开展了反蒋武装斗争，逐步建立农村革命根据地。1949年1月，中国人民解放军桂滇黔边纵队成立，进一步推动了云南的武装斗争。到1949年底云南起义前，"边纵"主力部队发展到5万余人，活动遍及滇桂黔三省147个县，在200万人口的地区建立了12个成块的根据地，钳制国民党军队 15 万人；各县区游击队发展到 10 万人，歼敌 6.1 万人，解放县城 91 座，其中云南县城 63 座，超过当时云南县城数的一半以上，形成了对昆明及云南主要城市的包围态势。

1949 年 4 月，人民解放军渡过长江，解放南京。形势发展之迅速，出乎卢汉的意料之外。中共云南地下组织及游击队也加紧了对卢汉的争取工作，卢汉也开始了与中共组织和游击队的联系，并赠送游击队枪支弹药。形势发展很快，卢汉不稳的消息不断地传到蒋介石的耳朵里。为此，蒋介石到重庆，电召卢汉赴重庆商议，企图直接控制卢汉。卢汉在中央军大军压境，蒋介石多次催促的情况下，不得已于 9 月 6 日飞重庆。卢汉一到重庆，即向蒋介石提出辞呈，这也出乎蒋之意料。蒋拒绝卢汉辞呈，表示对卢的支持。卢受到蒋的热情接待，蒋表示云南问题交由卢汉全权处理，准许他把保安团扩为两个军，军费拨给现银 100 万元，武器、弹药、装备陆续补充。然而作为交换条件，蒋介石要求卢汉取消省参议会，逮捕 100 多人（附有名单），查封几个报馆和学校。卢汉考虑起义条件尚不成熟，所以答应了蒋的条件。

9 月 8 日，卢汉回到昆明后，暗示共产党人迅速转移。9 月 9 日实行大逮捕，先后抓捕 400 余人，同时解散省参议会，查封了部分报刊和学校，这就是所谓的"九九整肃"。中共地下组织派人给卢汉做工作，因此"九九"期间被捕的 400 余人后来被全部释放。这样，卢汉乃放手准备云南起义，除派人与"边纵"联系外，还派人到香港、广州以至北平（北京）与中共领导人接洽，请示起义方略。12 月 1 日，卢汉下令成立昆明警备司令部，加强治安管理，实际上是以此控制昆明全城。12 月 9 日，西南军政长官张群飞昆明，妄图劝卢汉将云南作为反共基地，而卢汉则利用张群到昆之际，邀请国民党中央驻滇军事首脑于当晚 9 时在卢公馆举行紧急会议。这批大员到齐后，遭卢汉警卫部队全部扣押。卢汉即于 12 月 9 日晚 10 时在昆明五华山云南省主席办公室宣布：云南起义了！同时向全国发出通电，一面五星红旗在五华山上冉冉升起。12月11日，中央人民政府主席毛泽东、人民解放军总司令朱德复电卢汉，表示热烈祝贺。

解放军举行入城式后，卢汉（前右）和陈赓（前左二）、宋任穷（前左一）见面

起义以后，卢汉先后担任了云南军政委员会主任，西南军政委员会副主席，第一届全国人大代表，第二、三届全国人大常委，第一届全国政协委员，第二、三届全国政协常委，国防委员会委员，国家体委副主任，民革中央常委等职，为新中国的建设事业作出了贡献。

1974年5月13日，卢汉因肺癌医治无效逝世，享年79岁。卢汉作为"爱国的民主主义者"走完了自己的一生。

卢汉是民国时期云南主要的第四任一省之长，民国滇军的第四任统帅。他在统治云南的4年里，所走的道路是艰险曲折的，最后毅然率领滇军和云南全省人民宣布起义，走向了光明和新生。

以上所述就是民国时期滇系四巨头的演变，及其对云南、对全国的影响。尽管他们的功过不一,却都是风云一时的民国人物,是民国时期云南和滇军历史发展的符号和标志。

大时代,大人物,大悲欢,滇系四巨头的命运,就是辛亥百年来的历史缩影。